CW01395593

Am Fear Meadhanach

Alasdair Caimbeul

Druim Fraoich
1992

Air fhoillseachadh an 1992 le Druim Fraoich,
Garrie View, Conon Bridge, Siorrachd Rois

© Alasdair Caimbeul 1992

Gach còir glèidhte.

LAGE/ISBN 1 874022 03 8

Air a chlò-bhualadh le
Inver-Ross Printing Company Limited, Inbhir Pheofharain

Chuidich an Comann Leabhraichean am foillsichear
le cosgaisean an leabhair seo.

Am Fear Meadhanach

1. THA air tilleadh, o chionn sia mìosan air ais, a dh'eilean a bhreith is àraich, fear Murchadh MacLeòid, mac Dhòmhnaill, mac Mhurchaidh, mac Mhurchaidh Oig. Rugadh an duine seo, goirid ron an dàrna cogadh, ann am baile (ach b'fheàrr gun am baile ainmeachadh) ann an sgìre (gun an sgìre ainmeachadh a bharrachd) ann an eilean Leòdhais; agus airson gum bi a bhean a' fàs do-riaraicht' mura h-eil i faisg air togalaichean àrd, sràidean, cabhsairean, bùthan, solais, smùid, stùr is gleadhraich a' bhaile mhòir, tha e air taigh a cheannachd, an ainm an dithis aca, air iomall baile mòr Steòrnabhaigh. Baile air an robh e fhèin glè eòlach na bhalach, thug e sia bliadhna ann, a' dol tron fhoghlam, an Ard-sgoil MhicNeacail. Chaidh e, à sin, a dh'Oilthigh Obair-Dheadhain, far na choisinn e an M.A. a bhios am post a' faicinn, bho àm gu àm, aig cùl ainm air corra litir. 'S chuir e seachad an còrr dhe bheatha, an dèidh sin, a' teagaisg ann an sgoiltean air a' Ghalltachd. Ged a bha e math na dhreuchd, cha robh e a-riamh na cheann-sgoile, no fiù 's na cheann air roinn. Leig e dheth a dhreuchd as t-samhradh a chaidh, aig aois dà fhichead bliadhna 's a h-ochd. Sin, le beag no mòr air fhàgail a-mach, eachdraidh mo bheatha gu ruige seo.

Beatha bha sin anns nach do thachair càil mìorbhaileach no iongantach leis an cuirinn, anns an taigh-cèilidh, cinn an luchd-èisdeachd gu crathadh. Cha b'e snàmhaich a' chaolais a bh' annam, no fear-teàrnaidh nam mullach; am measg gaisgich ghnìomhach no gaisgich spioradail, chan fhaigh thu lorg air m' ainm. Mar sin, ged nach tog daoine iolach àrd gam fhaicinn a' tighinn air fàth, cha chrom iad dhan an dìg, a thogail clach, a bharrachd. Gu lèor dhomh ma chuimhnicheas iad air m' ainm. Tha mi air duine no dhithis a choinneachadh bho thàinig mi dhachaigh a bh' ann an sgoil Steòrnabhaigh còmh' rium, agus 's ann air mo shloinneadh a tha iad a' cuimhneachadh an toiseach; 's math dh'fhaodte an uair sin gun cuimhnich iad gu robh mi ann a hostail nam balach, air Ripley Place, aig an aon àm riutha – ach chan fhaigh iad seach sin fhèin; 's an dèidh dhomh innse dhaibh cò mi, bidh iad a' coimhead rium, le sùilean a th' air a dhol geur no cruinn, a rèir dè seòrs' aodainn anns a bheil iad, agus air cùl nan sùilean tha an smuain, *Mura biodh e fhèin air bruidhinn, cha robh sinne air aithneachadh a chaoidh* . . .

Tha iad a' coimhead ri duine a tha an aon aois riutha fhèin – dà fhichead 's a h-ochd – ach a tha nas coltaich ri bodach trì fichead 's a deich; le fiaclan fuadain, amhaich mar sgarbh, falt liath agus sròin

1

bhiorach. Tha iad a' faicinn gu bheil buaileagan dubh mu na sùilean aige, agus gu bheil a shùilean air a dhol fada a-steach na cheann; gu bheil slagan anns gach pluic, agus an dreach glas sin air aodann – fìor dhroch dhath – nach fhaicear ach ainneamh air aodann a' bheò. Chì iad gu bheil coilear na lèine flagach mu amhaich, agus gu bheil a dheise a' crochadh air mar seann dheise-Sàbaid air bodach-ròcais. Tha iad a' mothachadh gu bheil e a' coiseachd le crùib, agus nach eil a cheum ach mall. Tha crith na cheann, tha crith na làmhan, tha crith na ghuth; agus ma nì e gàire, tha 'n aghaidh aige a' lìonadh le uiread de loidhnichean 's gu bheil e nas fhasa dhaibh coimhead air falbh, taobheigin eile, gu sguir e. A rèir a h-uile coltas, tha an duine seo mun coinneamh, a tha an aon aois riutha fhèin, 's a bh' air an aon chlas riutha anns an sgoil, a' dol a bhàsachadh a dh'aithghearr, agus tha an earail sin gan dèanamh an-fhoiseil. Mar claigeann air deasg, mar a' chaibideil mu dheireadh ann an leabhar an t-Searmonaiche, tha e a' toirt smuaintean sòlamaichte a-steach orra, smuaintean a tha a' milleadh an saorsainn, leis nach eil iad ag iarraidh a bhith air am buaireadh ron àm . . .

Thuirt mi gu robh mi air mo dhreuchd a leigeil dhiom, ach chan eil sin buileach ceart. Trì latha anns an t-seachdain – Dimàirt, Diciadain agus Dihaoine – tha mi a' teagaisg ann an àrd-sgoil bheag a-muigh air an dùthaich (cha chan mi cò mheud mìle a-mach bhon a' bhaile). Cha robh dùil agam, an deidh dhomh am baile mòr fhàgail, gu faighinn mi fhìn gu bràth tuilleadh air ais am broinn rùm sgoile, na mo sheasamh air beulaibh chloinne, ach sin mar a thachair – sgrìobh Roinn an Fhoghlaim thugam, toiseach an Lùnasdail, a' tabhachd obair orm airson mìos no dhà, anns an sgoil a bha seo, ma bha mi deònach a gabhail; agus thuirt mo bhean, an dèidh dhi an litir fhosgladh son na dàrna h-uair, 's a leughadh a-mach, tro glainneachan-leughaidh ùr, nach robh ise a' faicinn càil ceàrr air a sin, son mìos no dhà, ma bha mi fhìn air a shon; gu robh e, mar a bha fios agam, a rèir 's mo thoil; ach nach robh ise a' faicinn càil cèarr air. Thuirt i gun toireadh e a-mach às an taigh mi, agus 's e 'n fhìrinn a bh' aic' an sin. Thuirt i gun cuireadh e seachad an tìde dhomh, agus bha sin ceart cuideachd. Thuirt i rud no dhà eile, ann an guth reusanta, socair, agus bha a h-uile càil a thuirt i ceart, agus 's e deireadh na deasbaid gun sgrìobh mi air ais gu Roinn an Fhoghlaim an latha sin fhèin, a' gabhail na h-obrach os làimh, 's a' toirt taing dhaibh airson a tabhachd orm anns a' chiad àite.

Ard-sgoil bheag anns a bheil mi, tha a' chlann innte suas gu aois ceithir bliadhna deug; tha iad an uair sin a' dol a-null gu sgoil Steòrnabhaigh, ge air bith dè 'm feum a tha sin a' dèanamh dhaibh. Tha bun-sgoil·ri taobh na h-àrd-sgoil, le dà bhoireannach às an sgìre fhèin agus nighean òg, laghach as na Hearadh a' teagaisg innte; agus tha Gàidhlig gu leòr aig an triùir . . . Ach cha chluinn thu ach Beurla anns a' phlayground. 'S e Beurla a tha mise a' teagaisg. 'S mi an aon dhuine a tha teagaisg Beurla anns an àrd-sgoil, agus faodaidh mi, mar sin, an rud a thogras mi a dhèanamh – mar eiseamplair, a h-uile feasgar Dihaoine, bidh mi dol a-null dhan a' bhun-sgoil, 's a' toirt leasan Beurla dhan a' chlas a th' air a' bhliadhna mu dheireadh – clas Chriosaidh. Sin ainm na nighinn Hearaich. Nighean bhrèagha dhubh às na Bàigh. Co-dhiù, sin an seòrsa sgoil a th' innte. Mar tha fios gu seo aig an leughadair nach eil na leth-chadal, cha b'ann dham dheòin a chaidh mi innte anns a' chiad àite, agus an dèidh a' chiad latha cha b'ann dham dheòin a dh'fhuirich mi. Cha robh mo shaorsainn agam am broinn staffrooms an latha a b'fheàrr a bha mi; deich mionaidean ann an staffroom na sgoil seo, 's bha mi cantainn rium fhìn nach robh seo ao-coltach ri ward fhosgailt ann an ionad ùmaidhean . . . Ach tha a' chlann a th' innte mar an t-òr. Tha chlann a th' innte gus briseadh mo chridhe. Cha bhruidhneadh iad rium an toiseach; cha chanadh facal. Bhithinn a' dol a-steach anns a' mhadainn, bhiodh iad ann an sin romham; na h-aodainn aca, stòlda, modhail, a' coimhead suas rium; a' chlann-nighean aig beulaibh a' chlas, na balaich anns a' chùl; gun aon diorra-mhiog a' tighinn bhuapa. Sheasainn, le crith na mo làmhan, 's cròchan na mo ghuth, a' gabhail an register. Chuireadh iad suas an làmhan, 's dheadh na h-aodainn aca dearg nuair a dh'èighinn a-mach an t-ainm. Ach cha chanadh iad facal. Mura bruidhninn riutha, cha bhruidhneadh iad rium. Rud a bha cur beagan iongnaidh orm, an dèidh gràisg a' bhaile mhòir, gus na chuimhnich mi gu robh an aon eagal orm fhìn ron an luchd-teagaisg nuair a bha mi anns an sgoil; gum bithinn-sa, cuideachd, a' teicheadh le ùmhlachd dha na suidheachanan-deiridh, 's a' cumail mo chinn sìos. Chan eil nì nuadh fon a' ghrèin . . . Airson an luchd-teagaisg a tha anns an sgoil seo – chan eil iad nas fheàrr no nas mios' na luchd-teagaisg an àite sam bith eile, agus leis an ionracan nam measg airson nach tèid am baile gu lèir a sgrios. 'S e dithis a th' anns an àrd-sgoil fad na h-ùine – am maighstir-sgoile, Mgr Moireach (cha bhi duine ga fhaicinn), agus fear MacCoinnich, a tha a' teagaisg matamataic. Duine òg, blanaigeach a th' ann am MacCoinnich, Crìosdaidh le cuip, cha chaomh leam e; ma tha duine ceàrr bho thùs, tha beagan ùghdarrais ga chur ceàrr buileach. Tha baothaire eile a bhios a' tighinn a-steach innte dà latha anns an t-seachdain, bhon Taobh Siar, air an robh mi eòlach na mo bhalach beag ann a hostail Steòrnabhaigh, mus tug athair a-mach às an sgoil e. Thàinig esan a chòmhradh rium a' chiad mhadainn, cha b'ann le carthannas no coibhneas, ach a dh'innse dhomh gu feumainn mo chàr a ghluasad às an àite anns an robh e, 's a chur a dh'àiteigin eile; gur ann far na chuir mi mo chàr a bhiodh a bhean-san a' cur a càr bho riamh; agus air an adhbhar sin, gu feumainn mo chàr a ghluasad. Cha do smaoinich mise, nuair a chunnaic mi an ceann-truisg 's na casan pluiteach aige a' goillearachd a-nall far an robh mi, bho thaobh thall a' phlayground, cailleach bheag ghlas na shàil, nach ann le bus na cloinne a bha e, no a' coimhcad an dèidh pìoban a' bhùirn theth ... gur e sin a bha ga fhàgail aig an sgoil . . . agus phriob mo shùilean gu math cabhagach nuair a dh'innis e dhomh gur e fear-teagaisg a bh'ann (Woodwork is R.I.), gum biodh e a' frithealadh trì sgoiltean, gur e bean dha a bh' anns a' bhagan leis an fhalt liath, an aghaidh dhearg 's an cumadh mar boilear a bh' aige na thobha (bha mi air sin a thomhas), agus gu robh ise a' teagaisg anns a' bhun-sgoil. Ach coma leam dhiubhsan an dràsda!

Bha ceathrar anns an teaghlach againn, sgapte an-diugh fad is farsaing, cadar Singapore, Glaschu, na Stàitean Aonaichte agus an t-eilean seo fhèin. Bhàsaich m' athair a' bhèan uiridh, agus bhon uair sin chan eil duine air a bhith fuireachd anns an t-seann dhachaigh. Chaidh mi a-null, nuair a thill mi air ais dhan eilean, a thoirt sùil oirre: bha i falamh. An doras mòr glaiste, 's an doras cùil. Cho uaigneach na shuidhe, an taigh a bha cho làn de dhaoine. Bidh mo bhràthair a th' ann an Glaschu a' tighinn ann a h-uile samhradh, le bhean 's le theaghlach.

Bhàsaich mo mhàthair bliadhna ro m' athair; cha robh bliadhna eatarra. Boireannach mòr, saoghalta a bh' innte, torr fuaim is toirealaich na cois. Bhàsaich i 's gun dùil againn ris, 's cha deach m'athair bochd a-riamh os a chionn. Duine beag, solt a bh' ann. Bhiodh i an comhnaidh a' tarraing às.

Tha dà bhràthair agam, fear nas sine na mi agus fear nas òige. 'S e ministear a th' anns an fhear as sine (an t-Urramach Dòmhnall M. MacLeòid), agus 's e doctair a th' anns an fhear as òige (an Doctair Uilleam M. MacLeòid). Tha fios agaibh a-nis cò mi, agus càite na rugadh mi. Bha an t-urramach na Mhoderàtor air an Eaglais Shaor, chan eil cuimhn' agam an-diugh cò mheud bliadhna a tha bhuaithe;

agus a rèir a' ghuth tha muigh, chan fhada gus an dèan an eaglais sin "proifeasair" dheth. An rud bu chudthromaich a thachair dha, a' bhliadhna a bha e na Mhoderàtor, 's e gun choinnich e ris a' bhan-rìgh Ealasaid, màthair na ban-rìgh, ann an Dùn Eideann seachdain an Ard-sheanaidh; tha dealbh dhen a' choinneachadh seo aige air mullach an t-sideboard ann an cidsin a' mhansa, 's e a' chiad rud air am buail do shùil anns an dol a-steach – esan ann an ròbaichean fada dubh a' Mhoderàtor, 's ise le ad chruinn iteach, is grìogagan, is gàire. Tha an doctair ainmeil mar lighiche-inntinn (càil a mhath dhut a dhol thuige le amhaich ghoirt, no pian mionaich); tha e air a bhith aig co-labhairtean anns an Roinn-Eòrp, shìos an Astrailia, shuas an Innis Tìle; 's tha e an dràsda fhèin, son bliadhna, thall anns na Stàitean Aonaichte a' teagaisg oileanach an Chicago. Mar nach biodh sin gu leòr, tha e cuideachd air cliù a chosnadh dha fhèin ann an saoghal na Gàidhlig, mar sgrìobhaiche. Rosg, dràma, bàrdachd – chan eil gin dhiubh gu nach tionndaidh e a làmh. Leabhraichean inbheach, leabhraichean chloinne. Tha e sònraichte cuideachd, nuair a bhios e anns an dùthaich, am measg nan daoine sin a tha beulach is beachdail air rèidio, air telebhisean agus anns na pàipearan-naidheachd air a' Ghàidhealtachd.

Tha an aon phiuthar a th' agam – Mairead – 's i as òige dhen teaghlach – na ban-stiùiriche air ospadal cho mòr 's a th' ann am Malaya; chuir ise dealbh dhachaigh uair dhith fhèin agus Mr Kwan Lee, mas e sin an t-ainm a th' air, prìomhairc Shingapore, nan seasamh fo chraobh, sluagh dhaoine beaga buidhe timcheall orra, 's grèim aca air làmhan a chèile. Le sin, tuigidh tu, ged a tha mise na mo dhuine anns an t-sreath, chan eil an aon rud fìor mun a' chòrr dhen teaghlach idir. Bha trì dealbhan shuas aig an teine anns an t-seann taigh againn, crochaite os cionn a' mhantelpiece. Bhiodh m' athair, na sheann aois, a' coimhead suas ri na trì dealbhan seo – dealbh nam mac – a' sreap a' bhalla mar trì tunnagan glainne – Dòmhnall gu h-àrd, le choilear timcheall an taobh ceàrr; mise anns a' mheadhan, le mortarboard air mo cheann, 's stob mar maide-leisg na mo làimh chlì; agus Uilleam gu h-ìosal, le cleòca dearg, taidh chrotach, boa fionnach mu amhaich 's a ghèillean a-mach – bhiodh e a' coimhead suas riutha, 's chanadh e às a' ghuth-thàmh gur e am fear meadhanach – 's e sin, mise – am fear bu thàlantaich dhen triùir, 's gum bu mhòr am beud nach do rinn e an aon fheum leis na tàlantan a fhuair e 's a rinn an dithis eile. Duine bha nam athair-s' a bha ceàrr, cha mhòr, anns a h-uile càil a thuirt e a-riamh, agus cha robh e ceart an turas seo nas motha. Tha iad ag ràdh (ge ar bith cò iad?) gu bheil an duine a' dol ri dhualchas seachd uairean anns an latha; agus cha b'e na diadhairean, na fir-teagaisg agus na lighichean a-mhàin, anns an robh m' athair a' deanamh uiread de dh'uaill, a bh'anns an teaghlach againne. Bha drungairean na ar measg cuideachd, agus panail a bhiodh a' dèanamh aoirean son airgead; shìn fear againn a làmh gu goid, 's ruith fear eile le bean a bhràthar gu ruige California, far na dh'fhàg e i, air tuath orainsearan, am measg Mexicans. Chum e fhèin air an uair sin, am bràthair-seanmhar seo, gun iar, 's thog e ceann bliadhnaichean an dèidh sin, luirmeach, le dhà no thrì shràbhan mu mhagairlean, ann an àite ris an canar Suva, anns na h-eileanan Fiji, am measg dhaoine dubha, canabails. Stangaire caol, cnàmhach a bh' ann, bhiodh mo sheanmhair (a phiuthar) ag innse dhuinn, 's e sin bu choireach nach do dh'ith iad e. Cha do sguir i a-riamh a bhruidhinn air: Uilleam a bràthair. Bha gaol a cridhe aice air. As a dhèidh a tha Uilleam mo bhràthair fhìn air ainmeachadh. Fuil nan daoine sin a th' annamsa, air a truailleadh, gu mì-fhortanach, le meug tana a tha gam fhàgail a' plosgartaich, gun lùths, ma chluinneas mi luch air na sparran. Tha e nas doirbhe dhomhsa a dhol tarsainn sràid a' bhaile na tha e dha mo bhràithrean a dhol tarsainn an Atlantic. (Bha 'n t-urramach thall anns na Stàitean Aonaichte cuideachd: aig Orduighean.) An rud a dh'fhàg iadsan gaisgeil, dh'fhàg e mise gealtach; a dh'fhàg iadsan beachdail, dh'fhàg e mise balbh. 'S mi bràthair a' mhinisteir; bràthair an doctair. Cha d'fhuair mi a-riamh an guinea stamp dhomh fhìn.

A' coimhead ris air dòigh eile, faodaidh mi a ràdh, le fìrinn, gur e duine modhail, macanta a th' annam 's a bh' annam, ann am fianais an t-saoghail; cha chualas a riamh mo ghuth anns a' bhaile, no air innealan craobh-sgaoilidh, no am pàipearan-naidheachd, cha mhotha a sheas mi a-riamh am broinn cùbainn, no aig ceann bòrd-bainnse, no air liop uaigh, a' brosnachadh mo cho-chreutair. Rud eile: dh'fhoghlaim mi glè òg gum feumainn an t-eagal 's a' gheilt a bha seo fhalachd bho shùilean 's ciall a' mhòr-shluaigh, air a neo nach biodh beatha idir agam; dh'fhàs mi cho math air a seo a dhèanamh 's gu robh mi, mus do thòisich mi a' teagaisg, aig aois dhà thar fhichead, deiseil a' char a thoirt à hooligans bheaga Ghlaschu is Phàislig son an ath chòig bliadhna thar fhichead. Bha mi nam fhear-teagaisg math, bha sin nam fhàbhar; bha ùidh agam ann am foghlam 's ann a bhith teagaisg chloinne, bha sin nam fhàbhar cuideachd. Bha mi dìcheallach, sheachain mi gach buaireadh is aimhreit, cha robh mi còmh-stri ri neach. An robh mi dòigheil? Aig amannan. Le clasaichean math;

cothrom an teagaisg. Bha sin na mhòr-thlachd dhomh . . . 'S na daoine a bha ag obair còmh' rium – an luchd-teagaisg eile? Dè chuimhne a th' agam orrasan? Tha dà nì a dh'fheumas mi aideachadh: ged a bha mi son fichead bliadhna 's còrr còmhla ri cuid de dhaoine, anns an aona sgoil, 's gam faicinn a h-uile latha, chan eil cuimhne mhath agam air na h-aodainn aca idir; agus tha cuimhne nas fheàrr agam air na boireannaich na th' agam air na fireannaich.

Tha cuimhne agam, ma-tha, air làmhan le fàinneachan òir, le fionnadh dubh, le ìnean; corragan caol, an-iochdmhor a' rùsgadh ubhal le sgian; làmhan air madainnean Diluain, air chrith. Agus air mionaichean tha cuimhne agam, bolgan mòra cruinn, agus air cùl cinn, agus air slagan cùl a' chinn, air cliob lom 's air niosgaidean 's air geidean. Tha cuimhne agam air brògan, 's an seòrsa ceangail a bhiodh air na barrallan. Tha cuimhne agam air guthan. Air aodainn, mura robh speuclairean orra, cha mhòr g'eil cuimhn' a'm idir. Deiseachan, gorm is uaine is glas; deise ioma-dhathach air Sasannach, air an tug mi na mo cheann fhìn am Butterfly-Catcher mar ainm. Deise ghorm le srianagan geal innte. Briogais, an speathar aice fosgailt', an còrr dhen duine a bha na broinn air cùl *Glasgow Herald*. Tha cuimhne agam air fear na seacaid leathair, agus air fear na seacaid chlò le leathar mu na muinichillean 's air na h-uinnlean. Air fear a' pheitein mheileabhaid, 's air fear a' chàrdagain mhollaich. Uchd an t-seana-bhun, breac le luath na fags, ceò a' dol sìos an taobh ceàrr, sròin phurpaidh a' snotaireachd 's a' sitrich eadar dà shùil ghlainne . . . Agus air boireannaich, nan seasamh, nan suidhe, a' dol romham suas staidhre, a' sealltainn an cota-bàn. An tè leis a' ghobhaileag theann 's an fheadag air bann mu h-amhaich, a bhiodh a' suidhe an uinneag an staffroom 's a tòin ris a' ghaoith, ag ithe iogart le spàin. Tè le sùilean mear, glùinean sìoda, 's anail mar aran-coirc. An tè a bha coimhead às dèidh a màthar. An tè a bha fighe geansaidh dha Gulliver. Tè bheag chruinn (à Ile) le dà uircean a' mireadh am broinn a blobhs. Tèile, cho caol ri stamh, cho sàmhach ri post, a bhiodh a' toirt a bèicearachd-mhilis fhèin a-steach dhan a' staffroom a h-uile Dihaoine ann am bucas tiona le dealbh de Chaisteal Dhùn Eideann air a cheann. Anns na staffrooms a tha mi gam faicinn; na staffrooms a bhithinn fhìn, mu dheireadh, a' seachnadh. Cha robh mi a-riamh saorsainneil annta; mu dheireadh, bhithinn gan seachnadh glan-bhuileach, 's a' fuireachd na mo rùm le thermos. Cha b'e gu robh a shèithear fhèin, 's a chupan fhèin, 's a stèill fhèin air a' bhalla aig a h-uile duine; cha b'e gu robh na boireannaich an dàrna ceann an ruma, aig bòrd dhaib' fhèin, 's na fireannaich anns a' cheann eile – 's ann a bha na sgaraidhean beaga sin a' toirt gàire gu m' aodann, ma bha mi faireachdainn càil idir mun deidhinn. Ann an aon sgoil anns an robh mi, bha a phàipear-tòin fhèin aig fear, glaist' ann am preas le glas-chrochaidh. Agus ged a bha na cùiseachan-ghràin, nach robh a' toirt gin a ghàire gu m' aodann, anns na staffrooms cuideachd, mar a tha iad anns a h-uile àit' eile – fear a' bhall-coise; fear nam poileataics; agus esan aig a bheil fios cò mheud mìle ris a' ghalan – gun ainmeachadh ach a trì – bhiodh iadsan, mar bu tric, agus mar bu chòir, a' gàgail nam measg fhein, 's bha rian aig duine an seachnadh. An gagalan nach robh cho farasd a sheachnadh, 's e am fear òg, bragail, stràiceil, air ùr-phòsadh, le fàileadh ungaidhean dheth, agus gu math tric anns an aon roinn rium, a bhrùthadh e fhein a-steach ri mo thaobh, gun chuireadh, aig àm na diathad, 's a thòisicheadh ag innse dhomh, ann am mòran bhriathran, eachdraidh a bheatha. Agus an dèidh dha a h-uile càil air an smaoinicheadh e innse dhomh mu dheidhinn fhèin, gun mìr a chleith, thòisicheadh e 'n uair sin air na daoine a bha còmhla rinn anns an roinn – dè an seorsa dhaoine, na bheachd-san, a bha annta, agus cà robh iad a' dol ceàrr. Modhail, air leth-mhanachan, bhithinn na mo shuidhe ag èisdeachd ris. Murchadh macanta. Craiceann fuar a' fàs air mo chofaidh. Modhail agus sàmhach; mo shùilean air an tionndadh chun an làir. Ach ag ràdh rium fhìn: Tha thu eòlach air a' mheaban seo, agus 's fhada bhon dà latha sin. Tha thu air a choinneachadh roimhe seo, an iomadach àite, agus tha thu air a bhith ga choinneachadh fad do bheath'. Cha chuir e ceist a chaoidh ort a tha 'g iarraidh freagairt, agus cha shir e chaoidh do bheachd air rud sam bith. Seo thu aige a-rithist na ribe – air leth-mhanachan, le fèith a' bòcadh nad mhaoil, diog nach gabh ceannsachadh na do lethcheann, 's do cheann a' gnogadaich sìos is suas mar ceann tòidh ann an uinneag-dheiridh càr. Saoil dè 'n ùine a chuireadh do bhràthair an t-urramach suas le preagaire mar seo mus leigeadh e air falbh na salvos? Smaoinich cho luath 's a chuireadh do bhràthair an doctair casg air. 'S gun de dhuinealas annads' a chanas ris aon uair a chab a dhùnadh . . . Cha robh smuaintean mar sin, ann an suidheachadh mar sin, a' dèanamh mo bheatha càil na bu shoirbhe.

Mus tàinig adhar ùr eadar mi 's an solas as t-earrach a chaidh, chanadh duine, a' beachdachadh bhon taobh a-muigh, gu robh a' bheatha sin ann an deagh òrdugh, 's air a sìneadh a-mach rèidh. Duine na thaigh fhèin, le bhean fhèin, an dithis an ceann an cosnaidh, an dithis ann an obair dhreuchdail, gun uallach clann no eile . . . tha gu leòr aig am biodh farmad rium. Ach a' sreap ri leth-cheud bliadhna, anns a' chomhfhurtachd sho-iomchair seo – bùrn teth anns na pìoban, plaide an dealain air an leabaidh – bha mise, dham dheòin, a' leigeil mo sgìths, 's a' gabhail anail fhada. Fo sgàile na creig mhòir, mo smiogaid air mo ghlùinean. Cha robh mi dèanamh car. O, bha mi fhathast a' dol a-mach dhan a sgoil a h-uile latha, ceart gu leòr, ach cha robh càil ùr a' tachairt dhomh an sin. 'S bho thillinn dhachaigh aiste, aig ceithir uairean feasgar, eadar sin 's còig, cha robh mi carachadh a-mach às an taigh a-rithist son oidhche. Sguir mi a smocaigeadh, cha b'ann le eagal gu robh na fags a' dèanamh cron air mo shlàinte, no son adhbhar sam bith eile. Sguir mi a dhol dha na taighean-òsda, cha b'ann son adhbhar sam bith a bharrachd. Sguir mi a dhol gu na geamannan ball-coise. Chleachd mi a bhith toirt obair dhachaigh leam às an sgoil, 's ag ullachadh leasanan son an ath latha – sguir mi dhen a sin. Cha robh pàipear no ràitheachan foghlaim a' tighinn a-mach nach robh mi a' ceannachd 's a' leughadh bho cheann gu ceann – sguir mi dhen a sin. Cha robh mi a-nis a' ceannachd ach aon phàipear-naidheachd, agus 's ann chun na duilleig-cùil a bhithinn a' tionndadh an toiseach, agus an uair sin chun na duilleig le prògraman an telebhisean oirre. Mura biodh càil ceart air an telebhisean, bhithinn a' laighe air an t-sòfa, 's a' leughadh nobhails. Bha mi leughadh tri no ceithir de nobhails anns an t-seachdain. Bha mi gan leughadh anabarrach luath, agus an dèidh dhomh an crìochnachadh, cha bhiodh càil a chuimhne agam cò mu dheidhinn a bha iad. Cha fhreagrainn fòn, 's cha sgrìobhainn litir. Madainnean Disathairn, bhithinn a' dol a-mach gu cùl an taigh, a ghàirnealaireachd, ach cha robh an aon ùidh agam ann 's a b'àbhaist, agus cha b'fhada gu 'm bithinn a' tilleadh a-steach a bhroinn an taigh. Latha na Sàbaid, bhiodh ultach phàipearan-naidheachd a' tighinn le clab tro bucas nan litrichean; an dèidh dhaibhsan failleachadh orm, bhithinn ag ithe diathad mhòr, a' dèanamh norradh air an t-sòfa fad an fheasgair às a dèidh, a' dùsgadh le losgadh-braghad 's droch bhlas na mo bheul, a' mèaranaich 's a' bramadaich mu choinneamh an telebhisean an còrr dhen ionnairidh, 's a' dol dhan an leabaidh tràth, sgoil a-màireach a-rithist, 's bhithinn na bu sgìth a' tighinn aiste na bha mi a' dol innte . . . Bha uair a bhiodh sinn – mi fhìn 's mo bhean – a' dol a-mach cuairt dhan a' phàirc air feasgar na Sàbaid, 's bhiodh i 'g innse ainmeannan nan dìtheanan 's nan craobhan dhomh; uaireannan eile a bhiodh sinn a' falbh anns a' chàr fad an latha, 's a' tadhal air àiteachan ainmeil air feadh na dùthaich mun cuairt. 'S ann còmhla rithe a chunnaic mi an taigh far na rugadh Burns. Bha latha dhan a sin – ach aig an àm air a bheil mi bruidhinn, cha robh sinn a' dol a dh'àit', no a' dèanamh càil, còmhladh. Bha mo bhean air saoghal ùr a stèidheachadh dhi fhèin, o chionn fhada, anns nach robh mise a' gabhail com-pàirt idir. Meadhan an t-saoghail sa – asail na cuibhle – 's e Roinn Sòisealachd Shrath Chluaidh, far an robh i 'g obair, agus bha spògan na cuibhle a' ruighinn a-mach gu ceithir ceàrnaidhean a' bhaile, 's na b'fhaide, mar beathach ceud-chasach, cumhachdach. Saoghal trang a bh' ann, saoghal ùr, le tòrr othail, làn chomataidhean is fo-chomataidhean 's facail ùghdarrail mar aithisg, rannsachadh, molaidhean, sgrùdadh . . . 'S bha mo bhean-sa cho trang anns an t-saoghal ùr, mhìorbhaileach seo, an ceas aice a' cur a-mach gu bhus le eachdraidhean uireasbhaich is chrùlainnich dhe gach seòrs', 's nach robh mòran mothachaidh aice dha dad eile a bha dol air adhart fo sròin. Dè nach robh i dèanamh? Cà nach robh i dol? 'S air a' chorra oidhche nach biodh coinneamh no comataidh ann, 's a dh'fhuiricheadh i am broinn an taigh, lìonadh an taigh le daoine bho h-obair mus seallainn rium fhìn – fireannaich le feusagan, boireannaich le glainneachan. Bha an cainnt fhèin aig na daoine seo, nach robh tlachdmhor dhan a' chluais, no farasd dhan toinisg, agus bhithinn a' teiche suas an staidhre a-mach às an rathad orra, cho luath 's a bha iomchaidh, le mo chasettes pìobaireachd is amhrain Ghàidhlig, 's a' fuireachd shuas an staidhre gu falbhadh iad. Nuair a bhiodh an taigh sàmhach a-rithist, bhithinn a' dol sìos an staidhre air mo shocair, a' nighe 's a' tiormachadh nan soithichean 's nan glainneachan, a' togail nam pronnagan bhon an làr le bruis bheag is siobhal, a' dèanamh muga còco dhomh fhìn is briosgaidean bùirn le ìm eadar an dà bheul, a' suidhe aig bòrd a' chidsin, anns an t-sàmhchantas, fo shrann an t-solais neon, a' gabhail mo shuipear, 's cha bhithinn a' smaoineachadh air càil.

Nuair a thòisich am pian na mo dhruim as t-earrach a chaidh – a' chasd bheag chruaidh na mo bhroilleach, an goirteas nam amhaich, gun falbh às – leig mi iad sin seachad cuideachd son ùine mhòr, mar a h-uile càil eile, gun fiach a dhèanamh mun deidhinn. Bha fios agam gu robh rudeigin ceàrr – bha fios agam ged nach robh fios agam. Tro eagal, tro leisg, tro bhith coma co-dhiù, cha deach mi air àrainn doctair gu 'm b'fheudar dhomh. Nuair a chuir an doctair fios orm a-rithist a thighinn dhan an leigh-lann, an ceann ceala-deug – ceala-deug 's dà latha – bha fios agam nach b'e an naidheachd a b'fheàrr a bha mi dol a chluinntinn. Bha fios agam ged nach robh fios agam. Latha fuar a bh' ann, toiseach a' Ghiblinn. An t-adhar gorm, sgòthan beaga gorm a' seòladh ann. Thuirt an doctair dhà no trì fhacail. Chum

e X-ray suas ri solas na h-uinneig. A-muigh air an t-sràid a-rithist, bha
'n t-adhar fhathast gorm os mo chionn, sgòthan beaga geal fhathast a'
seòladh ann . . . Ach cha b'e an aon adhar a bh' ann idir. Bhrùchd an
cabhsair fo mo chasan suas mar beinn, agus sheas mi air a bàrr, gun
taic, gun lùths, a' tuainealaich . . .

Agus thill mi dhachaigh. Agus thill mi dhachaigh. Agus seo mi,
ann an taigh mòr nan uinneag eile, air iomall baile Steòrnabhaigh, aig
ceithear uairean sa mhadainn, ag amharc air an Rubha, 's air na solais
bhuidhe a tha ruith a-mach nan sreath chun an t-Siumpain. Fhir na
faire, ciod mun oidhch'? Tha mi nam aonar an seo mar a bha mi nam
aonar an Glaschu 's mar a bhios mi nam aonar a dh'aithghearr anns
an uaigh. An cadal air mo thrèigsinn. 'S e sin – dìth a' chadail – an
t-atharrachadh as èiginnich a th' air a thighinn na mo bheatha bho
chaidh a' bhinn oifigeil a labhairt oirre, an latha fuar ud ann an
Glaschu. Bidh mi a' dol dhan an leabaidh, mar as àbhaist, beagan an
dèidh dà-reug; a' leughadh son deich mionaidean, a' cur dheth an
t-solais, 's a' dùnadh mo shùilean. 'S tha 'n cadal a' falbh leam. Ach an
ceann dà uair a thìde, tha mo shùilean a' fosgladh a-rithist, 's chan eil
iad a' dùnadh tuilleadh son oidhche. Tha mi a' laighe air mo dhruim,
anns an dorch, a' coimhead suas a mhullach an taigh. Fuaim a' ghleoc
alarm, a' dìogadaich gun tàmh, air bòrd beag ri taobh na leapa. Sin an
aon rud a tha mi cluinntinn. Chan eil càil eile, a-muigh no a-staigh, a'
briseadh doimhne an t-sàmhchantais . . . 'S tha aon smuain, nach eil
a-nis, uair sam bith, fad' air falbh bhuam, a' tighinn a-rithist a-steach
nam inntinn – gu bheil fear eile ann, nach eil na thàmh, 's a tha
a-nochd air a thighinn latha eile nas fhaisg. Leis an smuain seo, a tha
cho eagalach 's gu bheil m' inntinn a' diùltadh greimeachadh rithe,
tha teas mar teas àmhainn a' falbh às mo stamag, tro mo bhuadhan gu
lèir, a' dìreadh gu mo shlugan, gus mo thachdadh, 's a' tiormachadh
taobh staigh mo bheòil. Dè nè mi, no cà 'n tèid mi? Tha seo a' dol a
thachairt dhomh, 's chan fhada thuige. Chan eil càil nas cinntich,
chan eil càil nas fìor. Le uabhasan eile, dh'fhaodadh dòchas a bhith
agam, beag no mòr, gur math dh'fhaodte, aig a' cheann thall, nach
tachradh iad. Bhon an uabhas seo chan eil dol às agam. Creid ann an
Cruithfhear, creid ann an neoni, bi daingeann, bi strìochdach, bi
gàireachdainn no gal – chan eil dragh aig an fhear seo, tha e tighinn,
chan eil càil a chabhaig air, 's cha chuir do ghuidhe no do ghiùlain
maill air a cheum. Dè nì thu? Cha dèan càil. Chan eil càil ann as
urrainn dhut a dhèanamh. Dè bha thu dèanamh, fad làithean do
bheatha, ach a' siubhal chun na h-oidhche seo? Agus cà 'n tèid thu? –

gabhaidh i sin a freagairt cuideachd. Thèid dhan an dorchadas gu bràth, far nach fhaic 's far nach cluinn, far nach fhairich 's far nach *bi* thu. 'S chan fhaicear tuilleadh an seo thu, 's cumaidh an saoghal seo a' dol às d' aonais, mar nach robh thu air a bhith a-riamh ann . . .

Air oidhche o chionn ceala-deug air ais, 's mi na mo laighe mar seo, anns an dorch, thill mi thugam fhìn, 's bha e anns an rùm còmhla rium, na sheasamh aig ceann na leap. Dh'aithnich mi e. Bha fàileadh bhon aodach aige anns an dorch, mar broinn tocasaid bùirn. Na smaoinich gu bheil e coltach ri càil a leugh thu ann an leabhar, no chunnaic thu ann an dealbh. Dh'fhaodadh e, a cheart cho farasd, a bhith ann an riochd nighinn òig a' tighinn na do choinneamh le gàire air a h-aodann, no càr a' dol seachad air an rathad, anns an uisg. Shuidh mi an àirde anns an leabaidh le leum, mo chorp mar gum biodh dealanaich a' ruith air fheadh, 's mo bheul fosgailt' son èighe a leigell a-mach. Ach stad an èighe na mo sgòrnan. *Aidh*, thuirt mi ris, ann an sanais. *Aidh, aidh, a bhalgaire* . . . Nuair a chuir mi air an lampa bheag ri taobh na leap, 's a thug mi sùil timcheall an ruma, chunnaic mi gu robh am preas-aodaich 's a' chiste-dhràthraichean fhathast nan àite, gun charachadh, faileas a' tuiteam sìos bho aona thaobh dhiubh; na pioctairean air a' bhalla mar a chroch mo làmh iad, 's a h-uile càil eile anns an rùm an ordugh; 's cha robh mi faireachdainn, a' coimhead riutha, gur ann a' feitheamh rium falbh a bha iad, 's cha robh mi faireachdainn gu robh mi nam aonar. . . .

Na mo sheasamh aig an uinneag aig ceithear uairean sa mhadainn. Gùn-leapa dearg orm, a bha ro mhòr dhan an lighiche mo bhràthair, 's a chuir a bhean Murdìonag thugam ann am parsail à Chicago, Illinois. Pyjamas shrianach, stocainnean boban. Sliopars mar sliopars Paw Broon air mo chasan. Sgeadaichte anns an fhasan seo airson na sìorraidheachd, mo mhaoil ri sail-tarsainn na h-uinneig, 's m' anail a' tighinn 's a' falbh air a' ghlainne, tha mi smaoineachadh, *Cò mheud duine eile tha caithris na h-oidhche seo còmh' rium? Cò mheud duine eile, ris nach coinnich mi a chaoidh, a tha faicinn an aon rionnag a' priobadh sìos air an Loch a Tuath? An uair seo nam beatha mar a tha i na mo bheatha-sa. Cò tha 'n àirde ann an Garrabost? 'Eil soillse aig duine ann am Pabail?* . . . Tha glainne bùirn 's am botal philichean ri taobh na lampa. Tha mi a' gabhail pile, 's ag òl deoch bhùirn son a chuideachadh sìos. A' suidhe an uair sin an taic an teine a th' air a dhol bàs. Chan urrainn dhomh sgur a smaoineachadh. Bha Lear aosd, 's às a chiall, mus fhac e. 'S ann an dràsd, nuair a tha mo bheatha a' tighinn gu ceann, a tha mise mar an ceudna a' faicinn nithean soilleir, tro ghlainne, son a' chiad uair; an dràsd, son a' chiad uair, fo bhinn a' bhàis, a tha mi a' seasamh air falbh bhuam fhìn, 's a' toirt sùil cheart orm fhìn, 's air an t-seòrsa caitheamh-beatha a bh' agam, bhon taobh a-muigh. Dè tha mi faicinn? Cho ceàrr 's a chaidh mo bheatha, air a h-uile dòigh – sin a' chiad rud a tha mi faicinn. Carson a dh'fhuirich mi cho fada anns a' bhaile mhòr? Dh'fhaodainn a bhith air a dhol a theagaisg a dh'àite sam bith; ach dh'fhuirich mi fad mo bheatha ann am baile mòr Ghlaschu, far nach robh mi ag iarraidh a bhith. Dè dh'fhàg ann cho fada mi? Cha b'e cho dèidheil 's a bha mi air mar àite – cha b'urrainn dhomh, gus an latha 'n-diugh, do cheum a stiùireadh am meadhan a' bhaile, 's ann a' fèorachadh dhaoine eile a bhithinn fhìn, an corra uair a chuireadh an èiginn ann mi. Air sràid Earra-Ghàidheal, fon an drochaid, chuir mi stad air bus a bheireadh a Phartaig mi, a dh'fhalbh leam a-mach gu Shettleston. Sin an dèidh fichead bliadhna anns a' bhaile – bliadhnaichean a chaidh seachad, mar na busaichean fhèin, gun fhios cà robh iad a' dol, no dè an ceann-uidhe; bliadhnaichean a tha mi faicinn an-diugh mar aisling anns a' chamhanaich, mar sràid fhada ghlas air feasgar Sàbaid, gun duine oirre ach mi fhìn . . . Bidh ceistean eile gha mo bhuaireadh. Carson, fad mo bheatha, a leig mi dha daoine eile innse dhomh dè bu chòir dhomh a' dhèanamh? Agus sin daoine aig nach robh mòr-dhiù dhiom? Carson a bha e cho farasd dhaibh mo thoirt gu taobh? Cà'il a' chlann a dh'fhaodadh a bhith agam? Dhiùlt i an giùlain – an tè a tha srannail 's a' dìosgail a fiaclan an ath-dhoras. Dhiùlt i, agus dh'innis i dhomh carson, ann an guth reusanta, socair, agus bha iomadach adhbhar aice, agus 's e am prìomh adhbhar gun tuirt Uilleam mo bhràthair rithe nach robh còir aig boireannach mar ise, cho trang, cho dìcheallach, cho feumail anns a' choimhearsnachd, aon uair smaoineachadh air i fhèin a cheangal sìos le clann. "Carson a tha thu 'g iarraidh do cheangal fhèin sìos le *clann*?" – tha mi fhathast ga fhaicinn 's ga chluinntinn, aig ceann a' bhùird anns an taigh againn an Cnoc Iòrdain, na meuran bog aige an sàs ann am buntàta 's sgadan. "Carson a tha thu 'g iarraidh an fheist sin . . . na *bacain* sin . . . a chur ort fhèin?" "Carson gu dearbh?" arsa Murdìonag a bhean. "Seall orm fhìn 's air Murdìonag! Bha sinn son mìos as t-samhradh a chaidh thall an *Canada*! An samhradh ron a sin, anns an t-Suain 's an *Niribhidh*! Ciamar a b'urrainn dhuinn sin a dhèanamh nam biodh *clann* a' slaodadh rinn?" "Cha bhiodh rian againn!" arsa Murdìonag. "Clann! ars Uilleam, a' tionndadh gu Murdìonag le gàire beag fanaideach air aghaidh, "Mnathan 's clann! . . . ", 's thòisich Murdìonag a' sitrich 's a' sealltainn a fiaclan àrd mar làir aig uinneag a' sireadh cnap siùcair. Cò bhuaithe, anns an teaghlach againn, a thug e na liopan tiugh? na suilean seòlta, beag-fhradharc? an t-sròin mar cnap còsach potaidh? 'S chan eil dad de dh'àird ann; tha 'n ceann aig Murdìonag a bharrachd air. "Stop do chraos le sgadan saillt 's buntàt', a bhuidhich," bha mi 'g iarraidh a chantainn ris, "'s na bi 'g innse dha daoine ann an seo dè tha còir aca a dhèanamh." . . . Ach bha mo bhean-s' a' coimhead ris mar nach biodh i uair sam bith a' coimhead riumsa, le sùilean làn iongnaidh, mar pàisd a' faicinn an t-snaidhm a chuir Fionn air na coin son a' chiad uair, 's a' creids, gun ceasnachadh, a h-uile dùrd a bha tighinn às a bheul. 'S ann am Beurla a bha e bruidhinn, agus bha Beurla ann an sin; 's bha e cho eirmseach, cho èibhinn, cho cinnteach às a fhèin – le glainneachan trom, maoil cho cruinn ri put, 's bean mar mac-talla ri thaobh – 's nach do stad an òinseach a bh' agamsa aon uair a dh'fhaighneachd dhi fhèin an robh ciall aig càil dhe na bha e 'g ràdh. . . Ach dè dh'fhàg mi còmh' ri creutair cho àrdanach anns a' chiad àite, ag àicheadh an dia a bh' annam, 's a th' anns a h-uile duine?

Bha mi 'g iarraidh a bhith beò gun nàimhdean. 'Eil aineolas ann nas motha na sin? Bha mi smaoineachadh, mura cuirinn dragh air neach eile, nach cuireadh neach eile dragh orm. Mura gabhainn gnothaich, mura leiginn guth orm, mura tumainn mo liop no mo spàin . . . Ach tha àm ann gu do bheul a chumail dùint', agus àm gu do bheul fhosgladh. Le mo shàmhchantas, neartaich mi mo nàimhdean nam aghaidh; mar bu mhotha a bha iad a' gabhail brath 's làmh-an-uachdair orm, 's ann bu choibhneil a bha mise riutha; agus leis an aon shàmhchantas, dh'fhuadaich mi an fheadhainn a bha carthannach 's gràdhach rium. Miann Abeil air Càin, miann an leòmainn air an lasair a tha dol ga sgrios . . . "Tog do shùilean chum nam beann," tha mi cluinntinn guth eòlach ag ràdh, "on tig do chobhair is do neart." "Tog do cheann às an luath an toiseach," tha guth eòlach eile a' freagairt. "Con a tha thu na do shuidhe ann an sin fad na h-oidhche, a' slopraich am measg d' fhàillingean fhein?" "Bu chara dha a bhith air a ghlùinean," tha guth eile – boireann, le cainnt Chàrlabhaigh no Uig – ag ràdh. "Air a dhà ghlùin, ag ùrnaigh ris a' Chruithfhear." "Dè feum a nì sin dha?" tha 'n dàrna guth – guth fanaideach, mear, mar guth Uilleim mo bhràthair – a' freagairt. Mus tèid iad nas fhaide, tha mi 'g èirigh, a' cur dheth na lampa ri taobh na leap, 's a' seasamh a-rithist, anns an dorch, aig an uinneag. Sin aon dhòigh air stad a chur orra. An saoghal a-muigh na thàmh. Gealach chrotach anns an àirde 'n iar. 'S rionnagan a' gheamhraidh a' siubhal sìos an t-adhar, a' leantainn a chèile gun iar-dheas. Am Meadhan, le gothadh ann an coinneamh a chùil, an Gille, an Sgalag, 's an Cù aige air eang. An Spor Liath na uachdar, an Spor Dhearg na bhonn. 'S Fadag Iosal 's Fadag Ard. Agus romhpasan, gu dhol air fàth, Aibhseag 's an Grioglachan. An Seachdaran a chanas iad an Uibhist a Deas. Cha robh mi a-riamh an Uibhist, deas no tuath. Sin àite eile anns nach robh mi. Chan eil sgeul air Ruaill Mòr. Ach tha Gaolag is Gràdhag na Caiginn, mo rionnagan fhìn, fhathast shuas an sin, air an cliathaich, 's gu dhol bun-os-cionn. 'S ma sheallas mi suas aig bàrr na h-uinneig, le car na mo cheann, chì mi a' Bhàrr-reult (no an Reul-iùil, no a' Chailin; tha trì ainmeannan oirre air a bheil fios agam), Tulga is Talga, dà chù an aon fhèidh, ag innse cà bheil i, agus na còig rionnagan eile anns a' Chrann, còig Gadhair Osgair. Iongantach na h-ainmeannan a bh' aca air na reultan, na seann Ghàidheil. Bha ainmeannan aca air a h-uile càil. Sgleòdhag, nach èirich às a leabaidh gus an tig am blàths, Leisgeag Ard 's Leisgeag Iosal – iadsan rionnagan trì-cheàrnach an t-samhraidh. Bogha Chlann Uis a bh' aca air a' Mhilky Way. An Reithe air a dhol às an t-sealladh son oidhche, an Lcòmhann a' tòiseachadh a' cromadh. Na cruinnreil cho cinnteach nan àite, mar a tha 's mar a bha 's mar a bhitheas, gun ghaoid gun mhearachd. An Reithe air a dhol fodha, 's chithinn Siarag is Searag a' marcachd an dèidh a chèile, àrd anns na speuran, nan cuirinn mo cheann a-mach air an uinneag. Ach èiridh an Reithe an ath-oidhch' a-rithist, anns an aon àit', a cheart cho cinnteach, mar a dh'èirich e mìltean de bhliadhnaichean mus robh sinne air an talamh, 's mar a dh'èireas e mìltean de bhliadhnaichean an dèidh dhuinn falbh. Nuair a tha an Nathair-nimhe a' dol sìos anns an iar-dheas, tha an Grioglachan ag èirigh anns an ear-thuath. Càite fo ghrian an cuala mi siud, no cò dh'innis dhomh e? An Nathair-nimhe, 's an Fhalchag na h-earball, leis nach caomh am fuachd. Nuair a tha an Gobhar a' dol sìos anns an àirde 'n iar, tha am Meadhan ag èirigh anns an àirde 'n ear. Crithean beaga fuachd a' tòiseachadh a' dol tromham, sìos is suas mo dhruim, le dìth a' chadail. Ach ma sheasas mi an seo fada gu leòr, chì mi Siarag is Searag a' tighinn sìos an t-adhar, gun carachadh às an àite anns a bheil mi; chì mi an t-adhar, anns an àirde 'n ear, a' dol bho dubh gu dubhghorm, 's bho dubhghorm gu glas, 's na reultan a' dol geal 's às an t-sealladh, aon an dèidh aon, 's am planaid Saturn, ochd leudan-gealaich sear air Searag, le shùil bhuidhe fon a' bhuidhich gun phriobadh, a' dol às an t-sealladh cuideachd; 's an uair sin cluinnidh mi a' chiad isean beag a' tòiseachadh a' bìogail leis fhèin, mas fhìor gun fhiosd, aig aon cheann a' ghàrraidh, 's an uair sin, mus seall thu riut fhèin, tha a h-uile isean a th' ac' ann a' ceilearachd, 's shìos an Stèidhnis, fada ro thràth, fada ro chàch, coileach a' tòiseachadh a' gairm, àird a chinn, mar a' chiad choileach a bha a-riamh air an t-saoghal . . .

THIG aoibneas leis an là.

2. Dha duine tha air a bhith na dhùisg fad na h-oidhche, tro na h-uairean a thìde fada, dorch, chan eil àm eile ann coltach ris a' chàinealach. Son gu robh mi na mo dhùisg fad na h-oidhche, tha na crithean beaga fuachd fhathast a' dol tromham, 's tha mo cheann a' faireachdainn luaireanach, aotrom, mar gum bithinn air tòrr fuil a chall. Seinn na mo chluasan mar gaoir nan allt, fad' às.

Madainnean nach eil agam ri dhol dhan an sgoil, bidh mi dol air ais dhan an leabaidh cho luath 's a chluinneas mi an gleoc alarm a' duirgheal an ath-dhoras, 's a' laighe leis a' chuibhrig air a tarraing suas fo mo smiogaid, ag èisdeachd ris na fuaimean a bhios mo bhean a' deanamh tron a' bhalla, ga h-ullachadh fhèin son an latha mhòir, thrang a tha roimhpe. (Tha i anns an aon obair an seo 's a bha i ann an Glaschu.) 'S e chiad rud a tha mi cluinntinn brag nan casan aice air an làr, an uair sin drathair àrd na ciste-dhràthraichean ga fosgladh, 's na crògan aice a' sporghail innte son drathars ghlan leis an còmhdaich i na manachanan Hottentot, 's uidheam làidir eile a chumas taic ri na cìochan. An uair sin, dìosg noba, sgread chòmhlaichean, 's na casan aice, ann an clogaichean fiodha a bhios i a' cleachdadh am broinn an taigh, a' clabadaich seachad air an doras agam, air a slighe dhan an t-seòmar-ionnlaid. Ràn tanca na poit a' falamhachadh 's a' lìonadh, fluis tap a' bhùirn theth, cròchail tap a' bhùirn fhuair, a bhios i fàgail a' ruith fhad 's a tha i glanadh a fiaclan. Na casan aice . . . *dag dag dag dag* . . . a' dol air ais dhan an rùm . . . 'S tha 'n uair sin a' tòiseachadh an deas-ghnàth as cudthromaich a th' ann – 's e sin, air muin na h-aghaidh nàdurraich, aodann eile a chàradh oirre fhèin, an t-aodann, an ceann beagan is uair a thìde, a bhios a' coinneachadh ri daoine air cùl deasg, tro haids oifis; an t-aodann ris am bi daoine bochd a' feitheamh, aig oir cùrtair, mar a bhios iad a' feitheamh ri aodann ministeir no doctair. Tha i a' suidhe aig bòrd-sgeadachaidh le trì sgàthain – bòrd-sgeadachaidh a thug mo mhàthair dhuinn, 's a bha i 'g iarraidh a thilgeadh a-mach, ach gun dhiùlt mise dealachadh ris – an t-uachdar aige mar cunntair bùth ceimist le botail, bucais etc. – a' gabhail grèim air cnagan acainn gheal, 's a' tòiseachadh a' liacradh na h-acainn seo air a pluicean, air a sròin, air a smiogaid agus air a h-amhaich; ga suathadh a-steach dhan a' chraiceann le barran a h-òrdagan. Brag aig a' chnagan a' dol air ais air mullach a' bhùird, brag aig botail ungaidh a' dol air an cliathaich. Tha mi a-nis a' cluinntinn an t-sileagain mhòir ga fhosgladh, a bha uaireigin làn cofaidh agus anns am bi i a' cumail bàllaichean cotain. Leothasan tha i suathadh timcheall a sùilean 's a liopan, 's fo h-amhaich a-rithist. Tha i 'n uair sin ag obair oirre fhèin le suabs bheaga cotain, a-steach na cuinnleanan 's am broinn a cluasan, a' glanadh a-mach nan tollan. Ma tha i dol nas fhaide deas na sin fhèin, chan aithne dhomh; chan e cnap beag cotain air ceann bioran plastaig a dhèanadh feum shìos anns na ceàrnaidhean sin. Mar a tha i deiseil leis gach bàlla cotain is bioran plastaig, tha i gan tilgeadh gun sealltainn a bhasgaid cuilc a th' aig a casan, agus tha cuid dhiubh a' dol a bhroinn na basgaid. Le puff cruinn, a-mach à bucas cairt-bhòrd cruinn, tha i a' cur fùdar air a h-aodann air muin na h-acainn, agus rudhadh a-mach à cnagan eile air a pluicean, air muin sin. Pàipearan Kleenex air an sàthadh sìos eadar an coilear geal slige chreachain 's a h-amhaich, son nach gànraich i a broilleach le stuth. Tha i nisc a' tòiseachadh air a sùilean. Os cionn nan rasgan, tha i a' cur gorm. Air na rasgan, le bruis bheag, mascara dubh. Tha i a' toirt cumadh eadar-dhealaicht' air a moilean le peansail. Tha i a' suathadh peant steigeach dearg, le faiceall, air a liopan, 's gam patadh a-rithist le Kleenex glan, a tha fàgail làrach a beòil air a' phàipear. Mu dheireadh, tha i a' gabhail dha falt, le bruis spìceach. Tha i a-nise ullamh. Na h-ultaich Kleenex, le sguab dhe làimh, a' dol an aon rathad ris a' chotan. Sàmhchantas – cha mhair e – fhad 's a tha i a' coimhead ri grinneas a saothair anns na trì sgàthain, a' togail a gèillean 's a' tionndadh a ceann bho thaobh gu taobh. Chan eil fhios aice gu bheil an solas eadar a h-aodann 's na h-ìomhaighean air reothadh; 's chan eil i a' cluinntinn na sgreuch. Tha i a' leum an àirde bhon a' bhòrd-sgeadachaidh a' clabadaich anns na brògan Duitseach a-mach às an rùm, 's a' bragail sìos an staidhre.

Sàmhchair ghoirid eile aig bonn na staidhre, fhad 's a tha i coimhead dè bh' aig a' phost, mus eil an ath stoirm fhuaimean a' briseadh a-mach gu h-ìosal, anns a' chidsin – rèidio is teilidh bheag dhubh is gheal a' dol air còmhladh, pris a' fosgladh 's a' dùnadh, glaodh reothadair air fhàgail fosgailt', gliong tostair 's an t-aran a' leum a-mach às, fead coire-dealain a' goil, sgealaid bainne a' dol thairis air an stòbha … Agus am measg nam fuaimean seo, brag nan clogaichean fiodha a-null 's a-nall air taidhlichean cuaraidh an làir. Beag bho bheag, tha na fuaimean sin cuideachd a' sìoladh sìos, gus mu dheireadh nach eil air fhàgail ach an rèidio 's an teilidh, 's tha fios agam an uair sin gu bheil i na suidhe ag ith a bracoist.

Bidh suidse coire an dealain a' dol air is dheth, air is dheth uaireannan, ma tha i a' fosgladh litir nach buin dhi, ann an smùid na strùp. Ach chan eil fiach aig a' phost thugam an-diugh.

Dhomhsa, tha an latha a' tòiseachadh ceart nuair a chluinneas mi an rèidio 's an teilidh a' dol dheth, 's na casan aice, ann am brògan nàdurrach, a' tilleadh suas an staidhre. Tha mi a' dèanamh cinnteach gu bheil a' chuibhrig air a tarraing suas gu mo smiogaid, a' pasgadh mo làmhan, fon a' chuibhrig, air mo bhroilleach, 's a' feitheamh. Tha 'n doras a' fosgladh (eil doras anns an taigh sa nach eil a' dìosgail?) 's tha i a' tighinn, air a socair, a-steach. Cupan teatha aice thugam na làimh.

"Eil thu na do dhùisg?" Sin a' chiad cheist a tha i a' cur orm, ann an sanais. 'S math dh'fhaodte gu robh duineigin, uaireigin, an àiteigin, na beatha a bhiodh a' cadal le shùilean fosgailte.

"Uh?"

Tha na sùilean aice, a' coimhead rium, cho mòr ri sùilean laoigh.

"'N d'fhuair thu cadal? Na chaidil thu?"

"Chaidil. Fhuair."

"O, 's math sin! Tha sin math!"

Tha sinn an uair sin sàmhach son deich diogan.

"Cupan teatha."

Tha i a' cumail a' chupain suas rium, na làimh, ach am faic mi gur e sin dha-rìribh a th' ann, 's nach e poit-mhùin no peile-sinc. Cha bhi i uair sam bith a' cur siùcar dhan an teatha.

"Cuir air a' bhòrd e."

"'N cuir mi air a' bhòrd e, ri do thaobh?"

"Tapadh leat."

Sàmhchantas.

"Cuimhnich gun gabh thu do phile. Thuirt an doctair –"

"Tha fios a'm dè thuirt an doctair. Tha mi fhìn cho math ris an doctair."

Sàmhchantas eile.

"Ceart. ¸Uill . . .", 's tha 'n guth aic' a' dol àrd, suigeartach, "b'fheàrr dhomh greastachdainn orm! Mar as tràith a thèid mi a-steach dhan oifis an-diugh, 's ann as fheàrr. Coinneamh againn aig aon uair deug. 'S tha mi fhìn 's Mrs Ponsonby a' dol a-null a dh'Uig feasgar, a shealltainn air seann dhaoine –"

"Nach math dhaibh."

"Cò dha?"

"Dha na seann dhaoine. Air a bheil thus' agus Mrs Pontefract a' dol a shealltainn."

Tha i a' coimhead rium le na sùilean laoigh, 's tha 'n aghaidh aice, fo na th' oirre de sgudal, a' dol brònach, fada.

"Uill," tha i 'g ràdh. "B'fheàrr dhomh falbh."

"Tha mi 'n dòchas gun leig sibh fios chun nan seann dhaoine sin, gu bheil sibh tighinn?"

"Ol do theatha. Mus fuaraich i."

"Ach am faigh iad air cacan a' phiatain a sguabadh a-mach às an taigh, mus nochd sibh."

Tha 'm beul aice a' gluasad, mar gum biodh i cagnadh tofaidh-bò, ach chan eil i ag ràdh smid. Tha mi a' dùnadh mo shùilean. Tha 'n ainmein orm. Ainmein is nàire.

Carson a tha i a' leigeil dhomh a bhith a' bruidhinn rithe mar seo?

"Fhalbh," tha mi 'g ràdh rithe, fo m' anail. Mo shùilean dùinte. "Fhalbh ma tha thu a' falbh."

"Eil thu 'g iarraidh càil mus fhalbh mi?"

"Dùin an doras a-muigh às do dhèidh."

Carson nach eil i a' leum orm le teanga? A' toirt dhomh air ais mar a tha mi a' toirt dhi?

"Eil thu cinnteach nach eil thu 'g iarraidh càil?"

Tha mi a' tarraing na cuibhrig suas mu mo cheann.

"Bidh mi air ais aig còig."

"Mar sin leat."

Na casan aice a' falbh bho thaobh na leap'. Dìosg, brag. A' stad aig an doras. *An ann, a Dhè, gu bràth?*

"?"

Tha i falbh.

Tha mi a' sadail na cuibhrig bho m' aghaidh, 's a' faighinn m'anail air ais. An ainmein gus mo thachdadh. Ainmein rium fhìn.

Bhàsaich rìgh a bh' ann an Eirinn le fearg. An latha a chaidh Iosa Crìosd a cheusadh. Nuair a chaidh innse dha mar a thachair. Ghabh e ainmein cho mòr 's gun bhris alt na eanchainn, 's bhàsaich e.

Cha do chleachd mise a bhith mar seo rithe. Cho suarach 's cho mì-ùidheil. Ged a thug i na h-adhbhair dhomh. Bha mi a' dol os an cionn. Gan leigeil seachad. Sàmhach is reusanta. Cha tug mi a-riamh breith no comhairle oirr' son càil a bha i dèanamh. Mura biodh càil math agam ri ràdh rithe, cha robh mi 'g ràdh càil idir.

An-diugh, ma dh'fhosglas i a beul rium, tha crith ainmeineach a' dol tromham, dranndan ag èirigh na mo cheann, 's tha mi tionndadh oirre le ladarnas is mì-mhodh. Tha, ged nach canadh i facal. Gu leòr dhomh i bhith 'n làthair anns an aon rùm; gu leòr dhomh na sùilean aice, mar sùilean laoigh, a bhith coimhead rium, làn ùmhlachd is truais, a' guidhe maitheanas. Dè tha air tachairt dhomh? 'S ann a tha mi mar dhuine a th' air a shubhailcean a chall, làn dhen an droch rud, 's air a riaghladh le deamhain. Chan eil fhios agam tuilleadh cò mi, no dè an seorsa duine a th' annam. Mo chridhe, a latha 's a dh'oidhch', a' bùireadh le oillt is eudach is corraich; mo bheatha, aig deireadh mo bheatha, air a puinnseanachadh le fuath, 's le an-iochd, 's le amharas, 's le droch smuaintean. Tha mi gam fhaighinn fhìn a' dèanamh rudan nach do rinn mi a-riamh roimhe seo. Tha mi gam fhaighinn fhìn a' dol tro baga mo bhean, ged nach eil càil a dh'fhios a'm dè tha mi lorg ann, 's tha fiù 's an treallaich a tha na bhroinn – cìr, sporan 's mar sin air adhart – a' cuir ainmein orm, son gur ann leatha a tha e. Tha mi a' dèanamh rudan nas miosa na sin. Ma thig mi tarsainn air càil a bhuineas dhi, shìos an staidhre no aig an teine, far nach eil còir aige a bhith, tha mi a' falbh leis 's ga thilgeadh a-mach dhan a' bhion. Files is aithisgean a bhios i a' toirt dhachaigh leatha bho h-obair. Na glainneachan-leughaidh ùr, air na phàigh i cho daor. Aodach, ma tha e air fhàgail air an làr, no air cùl sèithir, an àite e bhith air a chrochadh far am bu chòir. Brògan, ma thig mi orra far na thilg i dhith iad le cabhaig, an àite an cur sìos dhan an sguilearaidh. Chuir bràiste leatha, le neamhnaid ghorm innte, oidhche seachad anns a' bhiona, chuir 's iuchraichean a' chàr aice, agus fàinne a dh'fhàg i air sgeilp ghlainne anns an taigh-bheag. A h-uile uair a-nis a tha i ag ionndrain càil, tha i a' dèanamh a-mach chun a' bhion le poca dubh plastaig, 's a' pràglaich ann an sin son a cuid fhèin am measg an òpair 's an t-siosarachd. Bidh i a' tilleadh a-steach tron an sguilearaidh 's a' gabhail seachad orm, a' cumail a' phoca plastaig a-mach roimhpe. Cha bhi i ag ràdh dùrd. Chan eil math dhi.

Aon mhadainn, ann an Glaschu, thill mi dhachaigh às an sgoil gun dùil rium, mi air rudeigin a dhìochuimhneachadh, agus thàinig duine gun stiall air ach paidhir stocainnean sìos an staidhre anns an taigh agam, le lachanaich mo bhean ga leantainn, 's a-steach dhan a' chidsin, far an robh mi na mo shuidhe. Bha mi sàmhach is modhail a' gabhail ealla ris, fhad 's a lìon e an coire-dealain, 's a shàth e am plug a-steach dhan a' bhalla.

"Cà'il thu falachd a' chofaidh?" dh'èigh e, 's an uair sin mhothaich e dhomh.

"Dè?" thainig an gulh dòighcil bho shuas. "Dè tha thu 'g ràdh?"

"O, an diabhal," ars Uilleam mo bhràthair. " 'N diabhal mòr air a h-uile càll a th' ann."

'S e an t-ainm a bh' air an rìgh Eireannach Conor. Cha b'e alt na eanchainn a bhris ach bàlla drùidheil, a bha steigte na mhaoil, a leum a-mach às àite, 's a thug bàs dha. Bàlla a chaidh a dhèanamh le eanchainn is magairlean a nàmhaid.

Goirid an dèidh sin, thàinig parsail thugam, bho Murdìonag, le trì deisichean ùr, mo mheud. Goirid an dèidh sin, chuala sinn gu robh Murdìonag trom.

Chuir mi gruag le mo bhean, a chosg ceud nota, dhan a' bhiona cuideachd.

Cha bhi i ag ràdh càil; chan eil math sin dhi. Nach eil fhios aice carson a tha mi ga dhèanamh, co-dhiù? Nach do chuir i fhèin 's an doctair lìogach leis an aon ghualainn nas àirde na 'n tèile an cinn ri chèile nuair a thòisich e tachairt, nach do rannsaich iad an development ùr seo gu mionaideach eatarra, 's nach tàinig iad gun a' cho-dhùnaidh gur e an trioblaid a bh' orm – an tinneas – bu choireach ris? Nach b'urrainn dhomh a leasachadh?

Tha aon mhathas air a thighinn às – chan eil i cho luideach am broinn an taigh 's a chleachd i. Tha i air sgur a lìonadh an t-sinc le soithichean salach, cuideachd, 's an uair sin gam fàgail – fasan loibht eile a bh' aice bho riamh. *Dèan rud ma tha thu dol ga dhèanamh*, thuirt mi rium fhìn oidhche, mus do sgàird mi a h-uile h-aon dhiubh ri balla a' chidsin – development ùr eile, a chuir a' sgiamhail sìos a' fòn i son an ath uair a thìde gu leth. Nuair a nochd aghaidh leathann gheal an doctair (mar aghaidh a dhèanadh tu le bioran ann an gainmheach) aig an doras-cùil, bha i air a dà ghlùin air làr a' chidsin, a' togail gach bristeal is sgealb. Bha i a' gal. Miotagan rubair air a làmhan. 'S fhada bho bha còir agam a dhol air mo chasan.

Tha mi cluinntinn clab doras a' chàr air an t-sràid a-muigh. *Rou rou rou* aig an einnsean. Tha i a' cur an trotail sìos is suas deich uairean, co-dhiù, mus gluais i air falbh, 's a' cur a' bhalaich an ath-dhoras (meacanaig) as a chiall aig an aon àm. *Baralalou* aig a' phìob-thraoghaidh sìos an rathad. Fuirich air a' chabhsair, ma tha thu glic.

Tha 'n taigh agam dhomh fhìn. Tha cheart cho math èirigh.

Romham, air bòrd a' chidsin, tha i air seatadh glainne le sùgh orainsearan innte, agus bobhla Alpen. Tha mi ag òl an t-sùgh, ged a tha e gu math searbh, 's a' taomadh an Alpen air ais dhan a' phacaid. Tha Alpen math dha do bhuadhan. Nì mo bhuadhan-s' a' chùis às aonais. Bhiodh i a' toirt orm a bhith 'g ithe Alpen a h-uile madainn. A' bhliadhna a bha sinn air an 'diet'. Bha Alpen math dhomh. Cò mheud madainn a shuidh mi a' cnàmh mo chìrc os cionn truinnsear Alpen, 's mo stamag a' rùchdail 's a' bìogail fon a' formica le miann hama 's uighean, marag dhubh, ciopair air a ròstadh? A' ruith son a' bhus le cnòthanan, còrrlach amh 's reusans gu thighinn a-mach air mo chluasan? ... Ach 's e tha dhìth orms', a' mhadainn ghrianach seo, ach poit mhòr teatha, bainne 's gu leòr siùcair anns a' chupan, 's troibhle de dh'aran geal le ìm is silidh dearg air. An dèidh sin, dìridh mi an staidhre a-rithist, a nighe m' aodann 's a chuir orm m' aodach. Ro dheich uairean sa mhadainn bidh mi deiseil son a dhol a-mach cuairt. An-diugh, 's an latha cho math, 's a' ghaoth na mo chùlaibh, 's math dh'fhaodte gun tèid mi sìos am baile.

Nuair a bha Uilleam mo bhràthair, an lighiche, le bhean 's le theaghlach, a' fuireachd còmhla rinn air na làithean-saor, an samhradh mu dheireadh a bha sinn ann an Glaschu, bhiodh e a' toirt a' bhalaich bhig (Fearghas Aonghais) sìos cuairt a h-uile feasgar, uisg ann no às, dha Pàirc Victoria, 's ag innse dha ainmeannan lusan is dhìtheanan is eòin. Bhithinn fhìn a' dol sìos còmh' riutha, ged nach fhaodainn smid a ràdh a-mach às mo bheul ri Fearghas Aonghais fhad 's a bha athair a' bruidhinn, mus millinn an t-ionnsachadh òg; bhiodh sinn a' dol timcheall na pàirc, a' seachnadh na swings, a' toirt car-mu-chnoc dha na roundabouts, agus bhiodh Murdìonag a bhean agus mo bhean-sa a' tighinn mu leth-cheud slat às ar dèidh, le Fionnghal bheag, anns a' phram. Air madainnean mar seo, a' ghrian anns an adhar, a' ghaoth na mo chùlaibh, 's mo chridhe cho aotrom, chòrdadh e riumsa, cuideachd, balach beag a bhith agam air làimh, agus fhad 's a bhiodh sinn a' gabhail ar cuairt, bhithinn-sa, cuideachd, ag innse ainmeannan rudan dha, an fheadhainn air am biodh fios agam, agus sgeulachdan beaga dòigheil, gun lochd air domhainn, a bheireadh fuasgladh dhan an inntinn bheag, 's a chuireadh seachad an tìde aig an aon àm.

Tugainn ma-tha, a luaidh (chanainn ris), mas e sin a tha thu 'g iarraidh, 's thèid sinn sìos an cùl. An cùl, 's e. Tha tuath ris an can iad Tuath na Mòine timcheall an seo an àiteigin, ma tha i fhathast ann. Chan eil mi cinnteach càite. Ach tha i timcheall an seo an àiteigin. Agus sin an rathad a' dol gu Sanndabhaig. Far a bheil an cladh. Sin bus air an rathad a tha dol gu Sanndabhaig. Bus dearg. Seo leathad Oileabhair. Oilebhar Crombail, 's math dh'fhaodte. Sin craobh. Cò bh' ann an Oileabhar Crombail? Bha Sasannach le sròin mhòr 's tòrr fhoinneamhan air aodann a bha ainmeil uaireigin o chionn fhada 'n t-saoghail son gràs Dhè a bhrosnachadh 's na mìltean dhe cho-chreutairean a mhurt.

Cum a-mach às an dìg sin, a ghràidh, mo chreubhag-sa thàinig, mus gànraich thu do bhrògan ceart. Coisich, mar mi fhìn, air oir an rathaid. Coisich an còmhnaidh, mar mi fhìn, air oir an rathaid. Nise, dè tha sinn a' dol a dh'fhaicinn anns an dìg an-diugh? Bròg. Seann bhròg. Can as mo dhèidh: _bròg_. Agus seall, am measg nan deanntagan: bròg eile. Can _dà bhròg_. Can _deanntag_. Uill, bha siud math. Nach robh siud math? Agus shuas anns an adhar . . . shuas anns an adhar, a luaidh . . . tog do cheann às an dìg dà dhiog . . . an rud cruinn buidhe sin nach bi sinn a' faicinn uabhasach tric anns na h-Eileanan an Iar . . . 's e sin a' ghrian. A' ghrian. Agus an rud a chaidh thairis oirre fhad 's a bha thu a' feuchainn ri chantainn . . . 's e sgòth a bha sin. Sgòth dhubh. Tha samhla againn, a-rèisd, mu thràth, a luaidh, air ar beatha anns an t-saoghal seo. Fèir nuair a tha thu tòiseachadh a' deàlradh a-mach mar a' ghrian, tha biast de sgòth mhòr dhubh a' tighinn 's a' mùchadh do sholas. Can _samhla_.

Neòinean – 's e, a luaidh. Tha thu air ais anns an dìg, a bheil? Am measg nan empties. Agus dìthean buidhe eile. Dìthean a' chait fhiadhaich. Taidhr rubair. Dìogan – na sruc innt'. Rud rubair eile – na sruc ann a bharrachd. Ghia, a ghia . . . Dè? Gìogan rubair, a ghràidh. Gìogan rubair seilcheig. Sguir a choimhead air ais rithe.

O seall! Isean dubh le gob buidhe! Isean ruadh le broilleach breac! Agus thall an seo, na stob air post – starrag! Fitheach? Feannag-ghlas na grad-rànaich? Mu bhun a' fàs am feur. Bun a' phuist, a luaidh, chan e bun na starraig. Feur. Can *feur*. Cò, a luaidh? An drungair sin air taobh thall an rathaid? Na leig ort gu bheil thu ga fhaicinn. Can *feur*. Can *glasach* a-rèisd. O cluinn! Tractar! Anns an achadh air cùl nan taighean. Tha fios againn air amhran mu dheidhinn tractar, nach eil? *Trr ud tud tud aige, is glumagan de chèo às.* Bidh sinn ga sheinn. Bidh sinn a' gàireachdainn. Ti-hì-hì-hì, bidh sinn a' dol. Seall oirnn. Cluinn oirnn. Tha sinn làn dhen an t-sàtan. Agus seall, anns an achadh cuideachd – bò le adhaircean! Man ar e bò, 's e damh. Air a neo tarbh. Tha fios a'm nach e each. Nach eil seo math?

. . . Thug am boireannach ud sùil neònach orm, anns an dol seachad. 'N ann a' bruidhinn rium fhìn a bha mi?

B'fheàrr dhomh sgur dheth.

Togalach Chomhairle nan Eilean a' lìonadh na sùil, h-abair g' eil meud ann, na h-uinneagan taobh Phlasterfield a' glacadh na grèine. Daoine a-mach 's a-steach às mar na dùrdalain. Tha mo bhean a-staigh an sin an dràsda, na còrnair beag fhèin, le cupan cofaidh dubh na làimh, 's a teanga a' dol mar deamhais tàilleir. Mura h-eil i air a slighe a-null a dh'Uig. *Tha iad a' losgadh barrachd dealain a-staigh an sin ann am mìos na tha iad a' losgadh am baile Thàboist ann an trì*, thuirt fear a thàinig timcheall uair a' leughadh a' mheter ri m' athair. Sgoil MhicNeacail shuas air a' chùl, chan e i fhèin as lugha. Faire, faire, shaoghail! Bha i fhathast gun a togail nuair a bha mis' anns an sgoil – bha mi ann am Francis St. an toiseach, 's an dèidh dà bhliadhna ghluais mi suas gu Springfield. 'Eil fhios a bheil an taigh-beag breige dearg fhathast na sheasamh, far am biodh sinn a' dol son smoc? Sin aon rud a dh'ionnsaich mi na broinn: smocaigeadh. 'S caoban fada de dh'eachdraidh Shasainn. *The Dissolution of the Monasteries.* Cha do dh'ionnsaich mi càil feumail. Fhuair mi sia Highers. Chaidh innse dhomh gur e ticeard luachmhor a bh' ann an seo, a dh'fhosgladh dorsan an t-saoghail mhòir romham, 's mi dèanamh ann. Le aodach glan ùr, ceas ruadh, leabhar beag Savings bho m' athair, 's Tiomnadh Nuadh bho mo mhàthair, rinn mi air Obar-Dheadhain na cloich-ghràn, far an d'fhuair mi mach, ann an ùine glè ghoirid, gu robh mi cho ullaichte son an t-saoghail mhòir, leis na dh'ionnsaich mi an sgoil Steòrnabhaigh, 's a tha duine dùint' ann an deise armachd son feuchainn rus leth-cheud slat …

Chan eil mòran dhen an luchd-teagaisg a bh' innte ri mo latha-s' air fhàgail innt', ma tha duine idir. Dà bhliadhna bha mi anns an rùm sin leis na h-uinneagan àrd, am fear as fhaisg air an gym. Clas 3A 's clas 4. 3B air taobh eile a' bhòrd-isein. A liuthad feasgar drabhsaidh gun chrìoch a chuir mi seachad ann, grian a' deàlradh air a' bhòrd-isein, dusd cailc bhon an leasan mu dheireadh a' snàmh anns an t-solas aice, 's guth cho fann 's cho fad' às ri muileann-bhualaidh anns an ath bhaile a' tormanaich ann an cànan a chaochail bho linn crochadh nan con. Bhathas a' teagaisg Frangais innte (fhuair mi Higher French cuideachd) ann an dòigh a rinn e duilich a chreids gu robh treubh ann, air uachdar na talmhainn, a bha cleachdadh 's a' bruidhinn a' chànain seo gu nàdurrach – nach robh cainnt aca ach i fhèin. A' chiad Frangach a chuala mise a' bruidhinn, 's ann a shamhlaich mi am fuaim a bha e dèanamh ri fuaim rèidio 's an spòg a' gluasad gu cabhagach sìos is suas bann short wave . . . Ach bha beathaichean eile os ar cionn anns an sgoil sin, air nach toir mise iomradh an dràsd ach nach dìochuimhnich mi cho fad' 's is beò air thalamh mi – burraidhean suarach, gun chonn gun charthannas, a dh'fhàg sinne bochd, balbh is blobhdach, leis an eagal a chuir iad annainn ...

Bha fàileadh cùbhraidh bho na Science notebooks. E. agus J. Arnold. Ciobhairean cruaidh dubh orra. Ghlèidh an t-urramach na seann Science notebooks aige fhèin son bliadhnaichean an dèidh dha an sgoil fhàgail (cha chanainn nach eil iad fhathast aige, cuideachd, an àiteigin – air lobht a' mhansa, no 'n àiteigin; cha do thilg e càil a-mach a-riamh), 's bha rudan inntinneach, iongantach annta mar Leclanche cell, 's ammeter le wèirichean nan lùban a' ruith a-mach bhuaithe air gach taobh, 's Boyle's Law, agus an cùl a h-uile leabhar, na sgiobaidhean ball-coise Albannach a bhiodh an t-urramach a' taghadh leis fhèin – gach sgiobadh anns an ordugh 2-3-5 a bhathas a' cleachdadh aig an àm – 's bha iad a' dol bho Cowan (Morton), Young (Rangers), Cox (Rangers) anns a' chiad notebook . . . Steel (Derby), Liddell (Liverpool) . . . gu Martin, Cunningham, Haddock, Docherty, Davidson 's mar sin air adhart, an cùl an notebook a bh' aige a' bhliadhna mu dheireadh a bha e innte. 'S e Martin (Aberdeen) a leig seachd tadhail seachad air a fhein, an aghaidh Uruguay ann an 1954. Na mo bheachd fhìn, cha robh an t-urramach a-riamh math air sgiobaidhean ball-coise Alba a thogail; bhiodh e gan lìonadh le Anglos – cluicheadairean mar Brown (Sunderland), Henderson (Portsmouth) – Anglos – anns an robh earbs' mhì-reusanta aige, gun fhios fo Dhia carson. Agus bha e ceannairceach; chan èisdeadh e ri beachd no comhairl' bho dhuin' eile; 's ann a bha thu buailteach dòrn fhaighinn bhuaithe nan canadh tu facal. Dè b'urrainn dhut a chantainn, co-dhiù, ri duine a dhiùlt a-riamh àite a thoirt dha Bobby Evans anns na sgiobaidhean aige? Chuireadh e duine sam bith an sgiobadh Alba ro Bobby Evans. Scoular (Newcastle). McColl (Rangers). Tommy Docherty. Chuireadh e duine dall, le cas-mhaide, an sgiobadh Alba ro Bobby Evans. Dè bh' ann an sin ach ceannairc? Feumaidh mi faighneachd dha 'eil iad aige fhathast, na seann Science notebooks; cha bhiodh e dona sùil eile a thoirt orra. 'S iongantach mura h-eil. Cha do thilg e cail a-mach a-riamh. Tha stòl aige fhathast, is basgaid, a rinn e anns a' bhun-sgoil.

Sin taigh-osda na h-Acres. An Seaforth a th' air an-diugh. Nuair a bha na h-Acres mar ainm air, bha iad a' fosgladh son greis bheag air madainn na Sàbaid, a' dèanamh cobhair air drungairean bochd, critheanach, ach cha tug a' chlèireachd fada casg a chur air a sin. Chuir mi mo cheann a-steach air doras a' bhàr aon mhadainn, eadar aon uair deug 's dà-reug. Dorch, dorch … Bha duine le bòtannan na sheasamh 's grèim aige air a' chunntair, mar duine an deireadh làraidh a' dumpadaich a-mach rathad-mònach, 's e leughadh sanas a bh' air cùl a' bhàr: *King Edwards now 80p.* "'N diabhal," bha e 'g èigheachd, "mura robh dùil agam gur ann a' creic buntàta luatharrach a bha sibh!" Duine eile le lòn dìobhairt mu chasan … Cha chreid mi nach gèarr mi suas mar seo fhèin gu Francis Street, tha agam ri dhol dhan a' phost-ofis co-dhiù. Cha chaomh leam a bhith coiseachd air an t-sràid sa. Nach e bùth àirneis a bh' ann an sin uaireigin, leis an tùr 's an doras mar doras eaglais? Newalls, nach e a bh' oirre? Cha b'e ach Napiers. Cò reisd a th' ann an Newalls, no dè tha iad a' creic? Tha 'n t-ainm tric anns a' *Ghasait*. Muileann Newall, gu sealladh Dia ort. Sin an rud air a bheil thu smaoineachadh. 'S e. Cà'il muileann Newall? . . . Keith Street, sràid mharbh eile. Steòrnabhagh làn dhiubh. Lewis Street tèile. Nuair a bhiodh sinn ag èaladh sìos am baile madainnean na Sàbaid, an àite a bhith ann an eaglais an Naoimh Calum Cille, ag èisdeachd ris an Optic, bhiodh seann nighean cho caol ri bior air uinneag ann an Lewis Street, a' gnogadh 's a' maoidheadh oirnn . . .

Oifis a' phuist, tarsainn bhon a' Labour. Seall air oifis a' phuist. Tha Murchadh a' dol gu oifis a' phuist le litir. Seall air Murchadh. Seo Murchadh a-staigh ann an oifis a' phuist. Mìorbhail nam mìorbhail, arsa Murchadh ris fhèin, chan eil duine romham aig a' chunntair. Faodaidh mi a dhol gu uinneag sam bith. An tè reamhar leis na rasgan fuadain. *Good morning. Yes? Stamp, please. First or second class? First, please. Twenty-two p. Tapadh leat. Next.* 'S gun duine às mo dhèidh. Facal na do chluais, a leadaidh. Tha fios a'm mar a tha thu faireachdainn. Fad an latha, a h-uile latha, na do sheasamh aig uinneag, a' dèiligeadh ri daoine mar mise. Tha fios a'm. Ach chan eil modh a' cosg càil. 'S ma tha thu cho do-riaraichte ri sin, carson a tha thu a' fuireachd ann? Con nach eil thu faighinn obair ann an siorcas, a' trèanaigeadh nan leòmhann?

Càite a-nis? Bùth Hugh Matheson, son cèic carabhaidh-siod. Bùth Roddy Smith an dèidh sin, son nam pàipearan. Madainn Diluain, 's math dh'fhaodte nach eil iad fhathast a-staigh. Cha chreid mi an dèidh sin nach suidh mi greiseag anns an Town House, a' leigeil m' anail, 's a' gabhail cupan teatha is doughnut. An Club a chleachd a bhith air an Neptune, a chleachd a bhith air Cromwells. Bha bùth bheag a' Chando thall an sin nuair a bha mise a' dol dhan an sgoil. Bonn-a-sia son ice lolly, bonn-a-sia son striop dhubh liquorice. Bodach beag crùbach a bh' anns a' Chando, le sileadh na shùilean is boinneag ri shròin, is stais.

Tha na pàipearan-naidheachd a-staigh an dèidh nan uile. An *Sunday Times*, an *Observer*, 's an *Daily Record*. Bu chòir dhomh sgur a cheannachd an *Sunday Times*. Tha cnàmharlach pìos romham anns a' chiudha air an robh mi fìor eòlach, uair dha robh mi, ann an taighean-seinnse Sràid Earra-Ghàidheal an Glaschu. 'N aire mus fhaic e thu. 'S e. 'S e th' ann. Dè na pàipearan a tha e … ? Chan e *Playboy*, 's cinnteach … ? Am *Farmers Weekly*. Ah! Siud e falbh a-mach. Thill e dhachaigh, mar mi fhìn, agus is math dha gun thill, 's tha e an-diugh air croit athar, tha 's anns na h-AAs, chan eil e srucadh ann an driog. Bha mis' uair nach b'e sin m' àbhaist. Far 'm bu thartarach gleadhraich nam poitearan. Ged rachainn dhan an Temple suas, oir bha thu fèin an siud, no ann an doimhne 'n Anchor sìos, bhiodh tu san ionad ud. Thall le beathaichean aig an t-slaughterhouse a bhios e, tha e air a dhol na chroitear mòr. Seo e a-staigh anns a' bhaile eadar an grèideadh 's an reic, a' faighinn pàipear-naidheachd 's càil sam bith tha dhìth air am bùth Theàrlaich.

An latha cho geal; gach nì mun cuairt a' tighinn cho geur, glan gu mo shùilean. Cà'il mi dol a-nis? An Town House. Aidh. B'fheàrr dhomh. Mo phile a ghabhail comh' ri mo chupan teatha. Ged a tha mi a' faireachdainn glè mhath. Beagan luairean a' tighinn a-mach à bùth Roddy Smith, sin uireas. Ach b'fheàrr dhomh am pile a ghabhail. Ciudha eile romham an seo. Cà'il a' chèic, cà na chuir mi – ? 'M pòcaid m' anarag. Balaich an iasgaich aig bòrd, lem briogaisean oilisgin bhuidhe. An fharmad a chleachd a bhith agam ri balaich nan tràlairean an Obar-Dheadhain. An fharmad a bh' aig balaich nan tràlairean an Obar-Dheadhain rium. 'S tha bucas glainne nan doughnuts falamh, mar a bha dùil agam – dè rèisd a ghabhas mi? Penguin. Cò mheud làn na spàin de shiùcar? Ceithir. Carson a tha thu a' coimhead rium mar sin? Tha seat thall ris an uinneag, mura tèid an creutair sin innte romham. Far am faic mi na h-aodainn a' dol seachad air an t-sràid a-muigh. Am baile gu math trang son madainn Diluain. 'S mòr na tha a-mach 's a-steach à Woolies. B'fhearr leam na mìle crùn gun glanadh iad na bùird anns an àite seo nas tric na tha iad a' dèanamh. Seall air an ashtray sin, a' cur a-mach air a bus. Tha sin grabhail. 'S nighean na seasamh dìomhain air cùl a' chunntair bho thàinig mi a-steach, a' smocaigeadh fag. 'S math dhut nach e mise Horace, a laochag.

Duine leis an deoch air mu thràth, a' leigeil a thaic ri bùth Murdo Maclean. Bha fear anns an aon staid am bùth Hugh Matheson nuair a bha mi innte, dh'fhalbh duine mòr, bàn a-mach leis air ghàirdean. Sguir a chur dragh air an luchd-ceannachd, 'ille. Cà'il iad a' faighinn cothrom air deoch mun tìde s' a latha? Anns an Off-license. 'S a' dol leis dhan an opera house air a' Mhol a Tuath. Chan fhaigh duine saorsainn a mhùn fhèin a dhèanamh ann, le aodainn nan drungairean ag iathadh a-mach às an doilleireachd …

Cha chreid mi nach e Duncan Dod a chunna mi ann an siud, a' dol a-steach a bhùth Sheumais. Deamhnaidh coltach ris. An duine, mar a thuirt e fhèin, a rinn am Port Howell. Dè tha e 'g iarraidh aig an duine dhubh? 'S e rinn *Hì Ro Ghuga, Hò Ro Ghuga*, 's thuirt an lighiche rium gur e rinn *Cuilean Fear Cheòis*, bha dùil agam gur e Red. Far an d'fhuair mac na ban-rìgh am branndaidh ri òl. Sin agad e Gàidhlig dhut. Bhiodh e math nan tigeadh e a-steach an seo an dràsd, 's gu suidheadh e mu mo choinneamh, 's gun tòisicheadh sinn a' bruidhinn. Cha tig. Cha bhi rudan mar sin a' tachairt – dhomhsa, co-dhiù – anns an t-saoghal na galla seo.

Flasgs le mionaichean cruinn 's amhaichean cumhang ann an Science notebooks an urramaich. Nan suidhe air retorts, bunsen burner thuige fo gach tè, le lasair bheag stobach a' tighinn a-mach aig a bhàrr. Bha e faiceallach le peansail is rubair is gobhal-roinn, an t-urramach, bha e a' gabhail a thìde. Mar a dheanadh tu hydrogen sulphide. Uighean loibht. Tha mi 'g aithneachadh a' chreutair sin leis a' bheannag 's na bootees 's an còta clò 's am baga. Bha i anns an sgoil còmh' rium. Bhiodh i dol dhan a' Ghearraidh Chruaidh le balaich mhòr. Na mo leabaidh chumhang, fhallasach ann an Dorm 12, hostail nam balach, Ripley Place, bhithinn ga faicinn às mo chadal, 's cha bhiodh stiall aodaich oirre. Tha mi 'n dòchas gun chuimhnich i an overall naidhlean a thoirt dhith, mus tàining i a-mach às an taigh. 'S ann a-mach a tha mis' a' dol cuideachd, tha tè na fags air a bhith timcheall, chan ann aon uair ach a dhà, le clobhd-sgùraidh, bho shuidh mi. Thoir leat do phàipearan. Mo chèic – ? Ceart. *Push* sgrìobht' air an doras ghlainne, tha sin a' ciallachadh *pull.* If you can't pull, slaod. Marybell. 'S i. 'S i th' ann. Bha mi na mo loidsear aice, a' bhliadhna mu dheireadh a bha mi anns an sgoil. Am bruidhinn mi rithe? Chan eil i gam aithneachadh.

"Hullo, a Mharybell."

Chan eil i gam aithneachadh.

"Murchadh. Bha mi na mo loidsear agad. Nuair a bha mi – "

"A Thighearna beannaich mi!" Tha i a' leigeil às a' bhaga mhessages. "*Murchadh?*"

"'S e."

"O ghràidh . . . Cha robh mise, ghràidh . . . "

Carson, an riabhach orm, a chuir mi stad oirr' ? . . . *Can* rudeigin!

"'Eil thu fhathast … air an aon shràid? Macleod Road? . . . Dè mar tha 'n teaghlach?"

"Mhurchaidh! . . . A ghràidh mo chridhe! . . . "

Grèim air mo làmh. Na sùilean aice a' lìonadh.

"Tha mi creids gu bheil iad uile pòsd gu seo? . . . "

"Dè, ghràidh, a thachair dhut?"

'N diabhal air a h-uile càil a th' ann . . .

"Mhurchaidh, a Mhurchaidh . . ."

"Sguir a-nis," tha mi 'g ràdh rithe. "Siuthad!"

". . . dè rinn iad ort? . . ."

"Cha robh mi gu math. Sguir dheth. Tha mi nas fheàrr a-nis . . ."

". . . ? . . ."

"Nach sguir thu, dhuine! . . . Dè mar tha Chondo?"

Tha i a' sèideadh a sròin. Tha mi a' togail a' bhaga dhi, 's ga chur na làimh. Bhiodh i gal ag èisdeachd ri Bridie Gallagher a' seinn . . .

Geall dhi gun tig thu a-mach a chèilidh oirre a dh'aithghearr. Geall nach dìochuimhnich thu.

". . . thig . . . cha dhìochuimhnich . . ."

Dèan às a-nis. Sguir leis a' ghàire oillteil, tha 'n aghaidh aice a' tuiteam a-rithist. Crath do làmh.

"Cheerie . . . thig gu cinnteach . . ."

Dèan às.

Seo a-nis. Siuthad a-nis. Dè 'n ath rud a tha thu dol a dhèanamh le do bheul?

Carson a chuir thu stad oirre? Innis sin dhomh.

'N diabhal . . .

Uill. Siud an còrr dhen an latha air a mhilleadh, co-dhiù.

Crith anns a h-uile òirleach dhiom. Chan eil an Lanntair fosgailt', far am faodainn foillseachadh ùr eile fhaicinn de ghrinneas nan Gall. Neimh aig a' ghaoth sin bhon a' Mhol a Deas. Math dhomh a bhith cur nan caran ann an seo, a' danglaigeadh . . .

Tha fios a'm. Theid mi a-steach a Thalla a' Bhaile, dhan an taigh-tasgaidh. Son mionaid no dhà. Gu sguir mo chorp.

An doras fosgailt' romham. Fios aca gu robh mi tighinn. Chan eil duine beò a-staigh ann.

'S e àite spaideil a tha seo. Mar geometry. Mì-chailear. Ach 's math seataichean a bhith ann, air an càraich duine a thòin. Far na chleachd an leabharlann a bhith. Carson, an dùil, a dh'fheumas a h-uile càil a bhith air cùl glainne? Bi coimhead, ach na bi srucadh. Chan e na th' ac' ann. Macgregor an t-ainm a bh' air an duine a bha ruith an t-seann leabharlann. Dan Macgregor. Bha e maol, 's bhiodh e dèanamh tòrr trod is èigheachd. Ach cha b'e droch dhuine a bh' ann an dèidh sin. B'urrainn dhut bruidhinn ris. Thuirt e rium – 's mi cur air ais leabhar Biggles – gu robh thìd' agam tòiseachadh a' leughadh Walter Scott. 'Watty' a bh' aige air Walter Scott. *Tha thìd agad tòiseachadh a' leughadh Watty*, thuirt e, 's dh'fhalbh an ceann maol aige suas fhàradh, 's thill e sìos le *Kenilworth*. *Leugh siud*, thuirt e, 's e a' cur stampa airson mìos air - 's cha b'e droch leabhar a bh' ann a bharrachd, ach cha do thòisich an stòraidh ceart gu duilleag 200.

'S chan eil sgeul air an t-Seomar Leughaidh mhòr a bha shuas an staidhre – àite math eile, chan iarradh tu às. Càil dhen a sin air fhàgail. Tha an dà sheòmar ann an Talla a' Bhaile air an robh mise eòlach, 's a bha cho blàth 's cho làn de dhaoine, an-diugh nan ionadan faileasach, fuaraidh, falamh. Chan eil thu ach a-staigh anns an taigh-tasgaidh seo nuair a tha thu ag iarraidh a-mach às a-rithist. 'S na leabhraichean ann am portakabins ìosal, uaine, aig bonn Kenneth Street, an seòrsa portakabins a chì thu air Tìr-Mòr le bùird MacAlpine no Wimpey steigte riutha, fireannaich le adan cruaidh geal nam broinn, 's linnealan mar dìneasaran ag èaladh air an cùlaibh, a' reubadh 's a' cladhach na talmhainn. 'S tha Dan Macgregor air a dhol dhan an Leabharlann Mhòr anns an adhar, a chumail nan aingealan beaga crosda fo smachd.

Dol mu chòrnair Iain Horne: gaoth làidir bhon iar-dheas nam aghaidh. 'S ann dha a thug mi an aon uaireadair a bh' agam a-riamh son a càradh – uaireadair Eilbheiseach, a thug Mairead piuthar m' athar tro na Customs fo cìoch – agus chàraich e cuideachd i, agus thuit i bho chaol mo dhùirn am feasgar sin fhèin, dhan a' mhuir, s' mi 'g iasgach son cudaigean bho Pier No. 2. Tha cuimhn' a'm oirre fhathast a' dol sìos tron a' bhùrn, slaodach, an comhair a taobh, mo chridhe na mo bheul ga faicinn a' falbh, 's ann a theab mi an duibhe a thoirt a-mach às a dèidh; cudaigean beaga dubha, cho luath ri ceann-phollain, a' toirt ruisean suas thuice ... dè th' againn ann an seo? ... gun fhios nach e càil a bh' ann a ghabhadh ith, 's an uair sin, le caran beaga mear, a' tionndadh air falbh, gus an deach i air fàth anns a' ghrunnd. 'S an trod a fhuair mi bho mo mhàthair nuair a dh'innis mi dhi mar a thachair. Crùn a chuir Iain Horne orm son a càradh. Sin Playhouse Steòrnabhaigh, far am bi iad a' cluich Bingo, sin am British Legion. Trothail casdaich a' tighinn orm, a' ghaoth a' toirt m' anail bhuam. Stad anns an doras seo, gu faigh mi seachad oirre. A' ghaoth a' toirt m' anail bhuam. Cà'il mo nèapairig? Ghabh Marybell uabhas, nuair a chunnaic i cho truagh. Ghabh i uabhas romham. Carson a chuir mi stad oirre? Nas fheàrr, ta, bho fhuair mi a-mach às a' ghaoith, ris an fhasgadh. Còir agam coiseachd cho fada. Seo iadsan, na portakabins.

Ionnan 's mar a bhiodh Uilleam Stoinc a' caitheamh a bheatha anns an t-seann Sheòmar-Leughaidh (chan fhaigheadh tu faisg air an *Express*, an ùine a bhiodh e na sheasamh aige, ga leughadh tro glainne-meudachaidh) – anns an aon dhòigh, tha fear daonnan a-staigh an seo, le pluicean, nuair a bhios e a' cnuasachadh nan naidheachdan, a bhios a' dol a-mach 's a-steach mar pluicean muile-mhàg. Gam fhaicinn a' tighinn a-steach, bidh e togail a chinn, bidh na fiaclan aige a' toirt brag bheag na bheul, agus ma tha a' ghrian a' deàlradh a-muigh, bidh e 'g ràdh rium, *Latha math*. Ma tha an t-uisg ann, bidh e 'g ràdh, *Fliuch*. Tha e na chathair àbhaisteach an-diugh a-rithist, agus 's e *News of the World* a th' aige fo shùil. *Latha math*, tha e 'g ràdh rium. Chan eil e dèanamh oidhirp sam bith am pàipear-naidheachd fhalachd bhuam. Dè bh' ann dheth, 'eil fhios, mus do thòisich e a' tadhal leabharlann? A-mach às an uisg, a-mach às a' ghrian. Seann bhancair? Inspeactair poilis? Tha rudeigin àraidh na shùil ag innse dhomh gu robh e mar neach aig an robh ùghdarras. Balach beag sgoile aig bòrd leis fhèin. Con nach eil e anns an sgoil? Dè tha e leughadh? ... Cha dèan mi a-mach. Hoigh, bhalaich! Air mòran leabhraichean a dhèanamh, chan eil crìoch; agus tha mòran leughaidh na sgìths don fheòil. Fhalbh a-mach 's bris uinneag. Thuirt Gibbon rud àraid mu dheidhinn leabhraichean: nuair a ghlac na h-Arabaich Alexandria, loisg iad a h-uile leabhar a bh' anns an Leabharlann Mhòr, son teasachadh nan àitean-ionnlaid, 's bha Gibbon dhen a' bheachd gu robh na leabhraichean air an cur gu feum na b'fheàrr mar seo na le bhith gan leughadh . . .

Am pailteas leabhraichean Gàidhlig anns a' chòrnair ionadail; bàrdachd, a' chuid as motha. 'S air sgeilpichean na cloinne. Ainm an lighiche, mar ùghdar, air feadhainn anns gach àit'. Cuine chaidh am fear sa a thoirt a-mach mu dheireadh? An Giblean, 1983. Nàire air an urramach nach do leugh e a-riamh leabhar a sgrìobh a bhràthair bho cheann gu ceann. Thuirt mi ris nach b'urrainn dhomhsa treabhadh trompha a bharrachd. Bidh an t-urramach fhèin a' sgrìobhadh. Bàrdachd is laoidhean. Bha laoidh a sgrìobh e anns a' *Mhonthly Record*. Agus leabhar beag shearmon, cruaidh trì notaichean, bog not' agus leth-cheud sgillinn. *Searmoin, leis an Urr. Dòmhnall M. MacLeòid, M.A.* Sin an tiotal a th' air. Chaidh mi 'm bogadh annsan aig Searmon 1, duilleag 1, cha d'fhuair mi na b'fhaide na sin fhèin; ach cheannaich gu leòr chrìosdaidhean an leabhar, thathas air ath-chlò-bhualadh ceithir turais, 's tha 'n t-urramach a' dèanamh prothaid bheag às, chan eil fhios a'm an ann dha fhèin no dhan an eaglais. Ach chan e sgrìobhaiche nàdurrach a th' anns an urramach. Tha e nas ealanta le theanga na tha e le peann. Cha robh ach aon sgrìobhaiche anns an teaghlach againne, 's e sin Mairead mo phiuthar. Mar a' mhòr-chuid de bhoireannaich, bha i na sgrìobhaiche bhon a' bhroinn. Bha an sgrìobhadh aice cho glan, sìmplidh, cho farasd a leughadh, 's gum biodh iad ga stràiceadh air a shon anns a' bhun-sgoil, 's a' cumail comharraidhean bhuaipe anns an ard-sgoil. Tha litrichean agam fhathast a sgrìobh i thugam nuair a chaidh i a-mach dha na h-Innseachan an toiseach, na nighean òg. 'S e litrichean mìorbhaileach a th' annta, air an sgrìobhadh le peansail purpaidh, air pàipear tana gorm Airmail, air dà thaobh gach duilleig, gun diù dha pungachadh no litreachadh, 's a' toirt nan tìrean cèin tron robh i gluasad – na Himalayas, na dùthaichean mun cuairt, na bailtean, na daoine, 's cò ris a bha 'n tìde coltach – cho beò thugam, ann an beagan fhacal, 's gu saoilinn, aig deireadh gach litir, gu robh mi dìreach a' mhionàld sin fhèin air tilleadh aiste. 'N uair sin phòs i, a-muigh am Malaya (miseanairidh; geal; leth-cheud; bantrach), 's cha robh na litrichean a bhiodh i a' sgrìobhadh dhachaigh an dèidh sin cho sìmplidh no cho tlachdmhor idir, thòisich an gràmar a bh' annta a' fàs na b'fheàrr, thàinig piseach air a' phungachadh mar an ceudna, 's e 'sinn' a bha an àite 'mi', deilbh an àite facail, agus an àite nan rudan dòigheil ris am biodh mo phiuthar bheag a' gabhail ealla – mar eiseamplair, duine na shuidhe mu coinneamh air treàna le cearc aige air sreang – bha sinn a-nis a' faighinn beachdan bean a' mhiseanairidh, bean na bantraich, air truaillidheachd ar gnè, 's air staid dhòrainneach an t-saoghail anns an fharsaingeachd.

Tha sgrìobhaidhean an lighiche eadar-dhealaichte a-rithist. Tha an lighiche a' sgrìobhadh an uabhais, biodh e aig baile no air taobh thall an t-saoghail; stuth a-mach às a cheann fhèin, agus stuth a thog e air teip-chlàraidhear, tro na bliadhnaichean, bho dhaoine air feadh nan Eileanan an Iar ('Tha barrachd theips agamsa,' thuirt e rium uair, 'na th' aig Sgoil Eòlais na h-Alba'); agus a chionn 's gu bheil ceangal sònraichte eadar e 's buidheann a bhios a' foillseachadh 's a' craobh-sgaoileadh leabhraichean Gàidhlig, cha robh e duilich a-riamh dha a chuid sgrìobhaidhean fhaighinn ann an clò, agus chan eil bliadhna a' dol seachad gun beag no mòr a' nochdadh bhon a' pheann aige. Tha mi a' cunntadh an dràsda fhèin aon, dhà, trì a sgrìobh no a dh'eadar-theangaich e, am measg leabhraichean na cloinne, agus tha fear eile agam an seo na mo làmh (am fear a chaidh a thoirt a-mach mu dheireadh ann an 1983), a sgrìobh e dha daoine mòra, daoine a th' air a thighinn gu aois. *Breunan is Fudaidh is Eile* an tiotal a th' air. (c) Uilleam MacLeòid, 1975. Sgeulachdan goirid. Dealbh-cluich beag aig deireadh an leabhair. *Na Soisgeulaich.* Dràma airson guthan. Dè th' againn an seo?

Soisgeulach 1:   Creididh iad sinne.

Soisgeulach 2:   Tha Leabhar againne.

Soisgeulach 3:   Dallaidh sinne iad.

Soisgeulach 1:   Creididh iad sinne.

Soisgeulach 2:   Gluaisidh sinne nam measg.

Soisgeulach 3:   Thèid sinne eadar iad 's a' ghrian.

. . . Cò tha iad a' dol a dhalladh? Stad dà dhiog. Chan eil mi a' tuigsinn sin. 'S ann a bhiodh soisgeulach dualtach cantainn, *Fosgailidh sinne an sùilean. Teichidh sinne na sgàilean* . . . Sin a bhiodh soisgeulach dualtach a chantainn. Na mo bheachd-s', co-dhiù. Leugh romhad, taobh eile na duilleig. Eisdibh! Tha iad ann an taigh croiteir.

Soisgeulach 4 (cò às a thàinig esan?): Tha sibh ciontach.

An Croitear (*guth fiadhaich*):   Gabhaibh a-mach as mo thaigh-s'!

   Thoiribh an t-sitig oirbh!

Bean a' Chroiteir: Bi umhail do na daoine, a Choinnich!

   (*rithe fhèin*) Tha eagal orm!

Nighean Bheag a' Chroiteir: Dè th' ann an ciontach, a bhobain?

An Croitear: Tha, a luaidh mo chridhe, a phàisd' bhig mo chuim, concept bhreoite –

Bean a' Chroiteir (*èighe àrd*):   Tha mise a' creidsinn!

   Tha mise a' creidsinn!

Soisgeulach 1:   Creididh iad sinne.

Soisgeulach 4:   Fosgailidh sinne na sùilean aca. (Ah!)

. . . Tha mise a' smaoineachadh gu robh an rapaireachd seo air an rèidio uaireigin. Cha mhòr nach mionnaichainn. Dè mar a tha e a' crìochnachadh?

Croitear 1:   Tha sinn air call.

Croitear 2:   Tha sinn air chall.

   (*Salm ga sheinn, pìos air falbh*)

Croitear 1:   Call na bh' againn.

Croitear 2:   Na th' againn, ga chall.

(*Salm ga sheinn, a' tighinn nas fhaisg*)

Croitear 1:   'S chan fhaigh sinn gu bràth air ais e.

Croitear 2:   Tugainn . . .

(*Na casan aca, a' falbh. An salm, àrd.*)

Crìoch.

. . . Bha. Bha e air an rèidio. Bha mi aig an taigh aig an àm, anns an taigh againn fhìn, 's ann an sin a chuala mi e. Feasgar grianach, eadar leth-uair an dèidh sia is seachd. Bha mi na mo laighe air a' bheing, ag èisdeachd ris. Thainig mac Mhurchaidh Chaluim a-steach na mheadhan, a' feadalaich, ag iarraidh orm a dhol chun a' chreagaich; thug mi air a chab a dhùnadh, 's suidhe ag èisdeachd ris còmh' rium. Thuirt e, nuair a bha e seachad, nach do thuig esan buggerall a bh' ann ach an coileach. Bha coileach ann. Cà robh an coileach? 'S ann faisg air an toiseach . . . cha b'ann . . . fuirich . . .

Na Mnathan (*còmhla*): Maitheanas, a mhaighstir, maitheanas.

. . . Ron a sin a bha e . . . 'treastarraing' . . . 'fìdhlear' . . . mi air a dhol ro fhada a-nis an taobh eile . . . Ah!

An Croitear: Tha 'n oidhche gu bhith seachad.

Bean a' Chroiteir: Tha thìd' agad èirigh.

An Croitear: Tha latha ùr a' tighinn.

Bean a' Chroiteir: Tha thìd' agam èirigh.

(*Coileach a' gairm*)

Siud e. Coileach Alasdair Mhurchaidh Chaluim. *Gawdaingit!* thuirt e, nuair a chual' e coileach. *Gawdaingit!* thuirt e, feasgar grianach eile, anns an taigh agam ann an Cnoc Iòrdain, *chan fhada bhios càil an èis dhiom ach an gog!* ... E a-muigh an ospadal Ghartanavel son an treas turas. E air ceithir clachan de chuideam a chall, 's an aghaidh aige air tionndadh buidhe. *M' fhalt a' tighinn asam, a dhuine, na thiùrran!* Thog e am bonaid snàth bho cheann son sealltainn dhomh. *Tha mi creids*, ars esan, *gur e na diabhail mhoilean an ath rud!* A' coimhead rium le sùilean gun chealg, 's chunnaic mi a' cheist na shùilean, 's mhiannaich mi, na mo chridhe, gun tigeadh an ambaileans a thug chun an taigh e air ais a dh'aithghearr air a thòir. An oidhche mus do bhàsaich e, bha e na shuidhe air uachdar na leap nuair a chaidh mi a-steach dhan a' ward. Am bonaid snàth air, 's gùn-leapa gorm. Bha iad air fuil a thoirt dha. *Dashidy!* thuirt e rium, *tha mi smaoineachadh gur e fuil an tairbh! Cha bhi càil ann, a dhuine, mura tòisich mi a' bùireil am meadhan a' ward, 's a' feuchainn ri brath a ghabhail air an nurs bheag bhàn sin ...*

Gu leòr leabhraichean Gàidhlig . . . Tha panail beag taghta ann, Uilleam mo bhràthair nam measg, a bhios a' sgrìobhadh 's a' foillseachadh leabhraichean Gàidhlig, agus 's e na h-ainmeannan acasan a tha mi faicinn air a h-uile leabhar ùr, cha mhòr, a th' air na sgeilpichean seo. Gnìomhachas-taighe a th' ann dhaibh, a th' ac' eadar iad fhèin (mar a tha crèadhaireachd is riarachadh ghaibhre aig Goill an eilein); tha iad fìor eòlach air càch-a-chèile, bidh iad a' fònaigeadh càch-a-chèile gun iaradh, a' suidhe air na h-aon chomataidhs, a' tadhail nan aon cho-labhairtean, ag ithe diathadan mòr an taighean a chèile aig ceann gach ràithe, far am bi fealla-dhà is fearas-cuideachd gu leòr, agus an uair a thig leabhar ùr a-mach bhon an dàrna duine, bidh an duine eile, gun dàil, ga mholadh air an rèidio, anns na pàipearan-naidheachd agus ann an cùl an ràitheachain Ghàidhlig ris an abair iad *Gairm*. Agus nuair a thig leabhar ùr an duine eile a-mach, na àm fhèin, bidh a' chiad dhuine a' dèanamh a leithid cheudna dhasan. Mol thusa mo leabhar-sa, agus molaidh mise d' fhear-sa. Sin mar a thathas a' cumail na poit a' plubadaich, 's na droighnich a' bragail foidhpe. Airson bàrdachd – Seadh, tha bàrdachd – Uill, 's e bàrdachd – Dè, mu bhàrdachd? Uill, tha tòrr dhen a' bhàrdachd ùr nach eil mise a' tuigsinn. An leabhar seo, mar eiseamplair. Am faigh a' Ghàidhlig bàs? Bàrdachd anns an nòs ùr. Leabhar taisealach – na mo làmh lapach-sa, anns a bheil an leumnaich-uaine na eallach, tha cuideam mòr ann. A-rèir an ro-ràdh, 's ann am broinn sgoiltean is oilthighean a tha a' bhàrdachd seo a' tighinn bèo, 's ag èirigh suas, 's a' soirbheachadh. Agus feumaidh tu an ro-ràdh a leughadh gu math faiceallach mus dèan thu steama dhith. Agus an dèidh dhut an ro-ràdh a leughadh, agus na dàin, agus an t-eadar-theangachadh Beurla mu choinneamh gach dàin, chan eil thu mòran nas fhaide air d'adhart. 'S math dh'fhaodte gur ann a tha 'n uireasbhaidh annam fhìn. Bha an lighiche mo bhràthair, mar aon fhear, dhen a' bheachd gur ann, an dèidh dhomh cantainn ris gu robh mòran dhe na h-amhrain a' leughadh a cheart cho math ann am Beurla 's a bha iad ann an Gàidhlig, agus nach robh mi creids gu robh duine dhe na daoine seo a' cleachdadh Gàidhlig am broinn an taigh. "*Amhrain!*" ars an lighiche, "*Amhrain!*" – agus bhòc clàr an aodainn aige mar duine le buntàta ro theth na bheul – "Carson tha *thusa*," ars esan, "aig nach eil fios no faireachdainn . . . tùr no tulchuis ... a' gabhail ort breith a thoirt air a' bhàrdachd seo? Tha tòrr . . . *tòrr* . . . anns a' bhàrdachd seo," thuirt e. "Iomhaighean! Bun-bheachdan! Samhlachas! Tha mi fhìn 's Murdìonag a faighinn . . . *tòrr* innte. Na ràinig am parsail mu dheireadh a chuir i thugad? Fhalbh thusa 's leugh Dòmhnall Ruadh Chorùna. Sin an ìre aig a bheil *thusa* . . ." Uill, tha an lighiche fiosrach, gun teagamh, air na cuspairean sin, fada nas toinisgeil na mise, agus 's fheudar dhomh gèilleadh dhan a' chronachadh a thug e orm – 's e e fhèin a bha thall 's a chunnaic, 's a choinnich ris na daoine. Ach cha leigeadh e leas a bhith cho mì-mhodhail. Bu chòir dhomh a bhith toilichte, tha fios a'm, gu bheil daoine fhathast air fhàgail (dè an diofar càile?) a tha sgrìobhadh ann an Gàidhlig; tha fios a'm cuideachd gu bheil am fear seo comasach, 's am fear sin saothrachail, 's am fear ud thall na bhàrd sgileil, a tha sgrìobhadh ann an dòigh ùr, annasach – 's carson a-rèisd nach eil mi dèidheil air an obair aca, carson nach do ghlèidh mi aon loidhne a sgrìobh duin' aca a-riamh na mo cheann? . . . Ach 's math dh'fhaodte gu robh an lighiche ceart anns na thubhairt agus na thilg e orm ...

Rug e orm fhìn 's air mo mhàthair a' gal uair, aig bòrd a' chidsin, 's sinn a' leughadh bàrdachd Dhòmhnaill Ruaidh Chorùna. Sin bu choireach gun thilg e Dòmhnall Ruadh orm. Mise a' leughadh, ise ag èisdeachd, 's beuc aig an dithis. 'Nach èirich Dòmhnall Eàirdsidh, chur fàilt' air Dòmhnall Ruadh' . . . sin na loidhichean a chuir a ghal sinn. 'S gu mì-fhortanch, cò nochd a-steach dhan a' chidsin ach an lighiche. Theab e a lùths a chall a' gàireachdainn nuair a chunnaic e sinn, 's cha do sguir e ga thilgeadh orm a-riamh na dhèidh. Sin bu choireach gun duirt e, *Fhalbh 's leugh Dòmhnall Ruadh Chorùna* nuair a bha e trod rium mun a' bhàrdachd ùr. Chan e càil a th' aige an aghaidh bàrdachd Dhòmhnaill Ruaidh. A' fanaid orms' a bha e . . .

Airson rosg, dealbhan-cluich etc., chan urrainn dhomh an dràsd smaoineachadh air aon leabhar ann an Gàidhlig a thàinig a-mach anns na fichead bliadhna mu dheireadh dhan tugainn àite, mar litreachas, ri taobh leabhraichean Beurla a nochd anns an aon ùine tìde. (Ged nach e slat-thomhais cheart a tha sin.) Chan urrainn dhomh smaoineachadh air aon leabhar ann an Gàidhlig a thog mo spiorad, no a dh'iarrainn a leughadh a-rithist; 's an dèidh dhomh a thighinn gu ceann feadhainn dhiubh, 's an leabhar a chur sìos, 's ann a bhios mi a' gabhail iongnadh carson a rinn na daoine a sgrìobh iad uiread de dh'oidhirp anns a' chiad àite. Chan e an droch sgrìobhaiche a tha na chùis-mhagaidh, ach an droch sgrìobhaiche dha bheil e do-dhèante sin a chleith. Chan eil mi 'g ràdh gur e daoine nas fheàrr a tha sgrìobhadh ann am Beurla, ach tha aon rud aca nach eil aig sgrìobhaichean Gàidhlig – an rud as cudthromaiche a th' ann dha sgrìobhaiche, ge ar bith dè chainnt anns a bheil e sgrìobhadh – 's e sin saorsa sgrìobhadh air na cuspairean a tha e fhèin ag iarraidh, gun eagal no fiamh, no sùil ri tuarasdal. Mura h-eil an t-saorsa sin aig sgrìobhaiche, chan eil càil aige, chan eil na sgrìobhadh ach obair gun fheum ... agus sin a chanas mi ris an lighiche mo bhràthair cuideachd, ma chì mi gu bràth tuilleadh e, 's gu faigh mi facal a-steach air oir. Agus chan eil anns an t-saorsa seo, canaidh mi (aig toiseach m' òraid), ach a' chiad rud a dh'fheumas a bhith agad. Feumaidh, an dèidh sin, tàlant a bhith agad – an seòrsa tàlant, ann am Beurla, a bh' aig Oscar Wilde. Feumaidh tu, an dèidh sin, a bhith 'g obair le do thàlant, gun sgur – feumaidh tu a bhith cho dìcheallach ri Flaubert (chuala tu mu Flaubert?), a bhiodh a' sgrìobhadh ann am bothag bheag ceithir uairean deug anns an latha, gach latha, 's gun càil aige air a shon, gu math tric, aig deireadh an latha, ach basgaid làn pàipeir. Tha fios a'm, canaidh mi (a' cumail orm), nach robh ann an sgrìobhadh dhut, gu ruige seo, ach seòrsa de chur-seachad, rud a bhiodh tu dèanamh son uair a thìde no dhà air an oidhche, man an robh an còrr agad ri innse dha Murdìonag. Ach ma tha thu a-nis gu bhith na do sgrìobhaiche ceart – 's chan eil thu fhathast ro fhada – feumaidh tu gach nì eile a tha thu ris, agus teagaisg, agus clann, agus poileataics, a leigeil seachad, 's a bhith na do sgrìobhaiche a-mhàin. (Chan eil ann an airgead ach dìomhanas.) Gum biodh an Spiorad maille riut. Cuimhnich g'eil àm ann gu sgrìobhadh, agus àm gu fantainn o sgrìobhadh. Sgrìobh nuair a tha rudeigin agad ri ràdh, agus na sgrìobh gun a sin. Agus man a h-eil càil agad ri ràdh, na bi dubhach, theirg a-mach dhan an t-sabhal, 's croch thu fhèin bho na sparran. Ma bhriseas an sìoman-theàrlaich leat (tha teansa mhath gum bris), 's nach caill thu do bheath', bidh rud agad ri innse dhuinn an uair sin.

 . . . Ach chan fhaic mise mo bhràthair Uilleam tuilleadh, son facal dhen a sin a chantainn ris. Agus ged a chitheadh, 's a chanadh – cho luath 's a chuireadh e tuathal mi le argamaidean! cho farasd'

's a dhèanadh e a' chùis orm le theanga! 'S bhithinn air m' fhàgail
an ath latha, mar bu mhinig a bha, a' brunndail 's a' bruidhinn rium
fhìn, mo dhùirn dùinte, m' eanchainn na teine, a' cuimheachadh
air na freagairtean pungail nach tug mi dha an oidhche roimhe
sin . . .

Tha nighean òg a-mach 's a-steach às a' chùil anns a bheil
mi nam shuidhe; a' cur leabhraichean an òrdugh air na sgeilpichean
a tha i. Tha mi a' toirt dhi an leabhar bàrdachd ùr, gun fhios nach
seas i air an fhàradh bheag a th' aice, ga chur air ais; ach tha i
lorg àite dha air an sgeilp as ìsle. Ag aomadh gu mo làmh cheàrr,
gun mo thòin a charachadh às an àit' anns a bheil i, chì mi an
gleoc aig an deasg, mar a thig thu a-steach. Tha e ag ràdh dà uair.
Mionaid às dèidh sin, tha mi toirt sùll eile air, 's tha e ag ràdh
leth-uair an dèidh trì. Tha teas is crith a' dol tromham còmhladh,
's tha mi a' gabhail grèim teann air oir a' bhùird. A-mach rathad
na mònach, tha an làraidh mhòr a' dumpadaich. The eagal orm,
mura cum mi mo ghrèim, gun tèid mi fo laige. Tha eagal orm gu
bheil mi dol a bhàsachadh ann an seo, an dràsd, far a bheil mi,
am measg leabhraichean; gun cuir mi an nighean nach deach suas
an fhàradh à cochall a cridhe; gur e aodann fear-aithris na h-aimsir
an rud mu dheireadh a chì mi air talamh, na fiaclan aige a' toirt
brag bheag os mo chionn, na pluicean aige a' dol a-mach 's a-steach
mar pluicean muile-mhàg. Tha mi tòiseachadh a' gal, 's a' cromadh
mo chinn leis an nàire, mus mothaich duine dè tha mi dèanamh.
Tha mo cheann air chrith leis an laigse; na deòir a' ruith bho bhàrr
mo shròin, sìos air beulaibh mo gheansaidh. Tha mi a' crùbadh
sìos fon a' bhòrd, a' toirt a chreids gu bheil mi a' lorg peansail.
Chan fhaigh mi lorg air mo nèapairig; chan eil sgeul air. Chuir mi
a phòcaid mo bhriogais e nuair a thàinig an trothail casdaich orm
air taobh muigh a' Legion. An dèidh dhomh a lorg, 's mo shùilean
a thiormachadh, 's mo shròin a shèideadh, tha mi tilleadh air ais
suas. Tha nàire orm. Robh duine a' coimhead rium? Cha dùirig dhomh
sealltainn. *Chan urrainn dhomh a leasachadh*, tha mi 'g iarraidh
èigheachd àird mo chinn. *Tha mi bàsachadh, 's chan urrainn dhomh
a leasachadh.* 'S e an sgìths tha dèanamh seo ort, tha mi ag ràdh
rium fhìn. Laigse agus sgìths, tro dìth a' chadail. Cum a' coimhead
ri do làmh, air uachdar a' bhùird. An dèidh a' bhàis, bidh na
h-ìnean a' cumail orr' a' fàs. Cha do sguir mi a-riamh gan ith. Uill.
Chan fhada gu sguir thu. 'S nach tug a' ghaoth air a' Mhol a Deas
mo lùths asam? Tha mi a' seasamh air mo chasan. Chan eil rian

agam suidhe nas fhaide a-staigh an seo. A' stad aig sgeilp air mo shlighe a-mach, 's a' sgrùdadh cùl nan leabhraichean. Sgrùdadh. Abair facal. Tha làmh a' gabhail grèim air mo ghàirdean, os cionn na h-uileann.

"All right ... it's all right ... "

Nighean nan leabhraichean. Chuir mi eagal oirre, an leum a thug mi asam.

"?"

"Your papers. You left them."

Na balgairean phàipearan. Dh'fhàg mi iad air a' bhòrd. A' *Sunday Times* na galla. A' sgrios mo mhaoin 's m' anam air losd a' bhalgaire pàipeir sin.

"Tapadh leat," tha mi 'g ràdh ris an nighean.

"Are you all right?" tha i a' faighneachd dhomh.

"Fine. Fine."

Aig còrnair na h-Acres, chuir mi stad air tagsaidh falamh, 's dh'fhaighnich mi dhan draibhear an toireadh e dhachaigh mi. Thuirt e, *Och yus, Dad. No problem.* A' tilleadh bho port-adhair Steòrnabhaigh a bha e. Chan eil iad saor, na tagsaidhs, 's tha h-uile duin' aca a' sùileachadh tiop. Nuair a thill mo bhean aig còig uairean, bha mi na mo shuidhe roimhpe, anns a' chidsin, ag ithe slaighse cèic carabhaidh-siod, 's ag òl cupan teatha. Bha mi air buntàta na diathad a rùsgadh air a coinneamh, 's air fosgladh canastair pheasairean. Bha ròsd agam anns an àmhainn, aig medium, agus bha na clogaichean Duitseach aice far na dh'fhàg i iad anns a' mhadainn, am meadhan làr a' chidsin, an dàrna tè air a cliathaich. Sheall i bho na sgealaidean gu na clogaichean gun àmhainn; 's air ais; 's dh'fhosgail i a beul son rudeigin a ràdh. Ach cha duirt i smid. Shuidh i sìos tarsainn bhuam aig ceann eile a' bhùird, gun fiù 's a còta a thoirt dhith, agus sheall i rium le sùilean mì-chinnteach.

3. 'S caomh leam an sgoil anns a bheil mi. 'S caomh leam, a' draibhigeadh a-mach thuice anns a' mhadainn, a bhith smaoineachadh air na h-aodainn bheag a tha gu bhith romham fad an latha. 'S caomh leam a bhith gam faicinn anns a' phlayground, a' feitheamh nuair a thig mi a-mach às a' chàr. Bidh iad a' tighinn tarsainn a' phlayground còmh' rium, a' riagail 's a' dabhdail timcheall orm (pòile-màigh cugallach), 's ag innse dhomh na thachair às ùr bho chunnaic sinn a chèile, agus anns an t-saoghal acasan, tha rudan ùr an còmhnaidh a' tachairt. Car as neònaich idir, 's caomh leam a bhith suidhe anns an staffroom anns an sgoil seo, mus fhalbh a' chlag, a' còmhradh a-null 's a-nall, 's ag èisdeachd ris an luchd-teagaisg eile. Chan eil mi a' faireachdainn mo latha a' dol seachad innte. Agus an uair a bhios mi a' dol ìosal, aig deireadh an latha, 's cianalas a' laighe orm, a' cuimhneachadh nach eil cho fada tuilleadh gu bhith agam innt', canaidh duine rudeigin, no tachraidh rudeigin, a bheir gàire orm, agus bidh an cianalas gam fhàgail.

'S caomh leam a bhith dol innte air Dihaoine. Sin an latha as fheàrr leam. 'S caomh leam a bhith dol innte air Dimàirt 's air Diciadain cuideachd. Ach 's caomh leam a bhith dol innte air Dihaoine. Tha iad a' tighinn innte bho na ceithir ceàrnaidhean air an latha sin. Tha duine beag le feusag a' tighinn innte, a tha fuireachd air na Lochan, 's a' teagaisg Ealain. Tha am bla'laoighean innte, bhon Taobh Siar, air an tug mi iomradh roimhe seo. Tha mi fhìn innte. Tha nighean à Steòrnabhagh innte, a tha teagaisg ceòl, bidh fios agad de rùm anns a bheil i aig àm sam bith dhen an latha leis a' ghleadhar, 's an t-seinn, 's a' bhìogail air reacòrdars, 's air fìdeagan, 's air feadanan, a tha tighinn a-mach às – leis a' ghuth aice fhèin, cuideachd, bho àm gu àm, os cionn na h-onghail, ag èigheachd ann am Beurla Steòrnabhaigh, *Nach suidh sibh sìos, a h-uile duine agaibh, dà dhiog, an ainm an àigh, air na tòinean beaga cruinn a thug an Cruithfhear dhuibh* . . . Bidh fios agad dè rùm anns a bheil MacCoinnich, air an làimh eile, leis an fhuaim nach *eil* a' tighinn a-mach às. Agus airson gur e deireadh na seachdain a th' ann, agus gu bheil Disathairne 's Latha na Sàbaid rompha, mar làithean-saor, air am faod iad an rud a thogras iad a dhèanamh, fhad 's a tha e laghail, saoilidh mi gu bheil daoine nas suigeartaich, sunndaich, air Dihaoine, agus cluinnidh tu rudan bhuapa air feasgar Dihaoine nach cluinn thu air latha eile dhen t-seachdain.

Dh'fhàg mi am bla'laoighean bhon Taobh Siar agus am bagan a bhean a' cur aghaidh orm, a' chiad mhadainn a thàinig mi dhan an sgoil, airson mo chàr fhàgail ann an làrach nach robh, nam beachd-

san, ceadaichte. Cha b'e, mar sin, an fhàilte bu chridheil a chuir
iad air an t-srainnsear, agus le tuilleadh eòlais fhaighinn air a' chàraid
seo, cha b'ann na b'fheàrr a chaidh iad. 'S e dithis a bh' annta –
ciamar a chanas mi? 'S e dithis a bh' annta, ma bha dithis a-riamh
air uachdar an t-saoghail, a choisinn 's a bha airidh air càch-a-chèile.
Mar a dh'innis mi roimhe seo, bha 'm bla'laoighean ann a hostail
nam balach, an Steòrnabhagh, aig an aon àm rium. Bha e trì bliadhna
na bu shine na mi, mura robh ceithir, ach le bhith fàilingeadh nan
deuchainnean, bha e air an aon chlas; bhiodh sinn a' suidhe aig
an aon bhòrd aig 'studies', eadar leth-uair an dèidh seachd is naoi
a uile h-oidhch', agus tha cuimhn' agam, am measg uabhasan eile,
gum bithinn a' feuchainn ri algebra a chur na cheann. Bha algebra
ga shàrachadh. Bha h-uile cuspair a bh' ann ga shàrachadh, ach
bha algebra ga ruighinn chun an smior. Bhiodh e a' spleuchdadh
ri na h-Xs 's na Ys, mar breac air bruaich abhainn, 's chitheadh
tu an fhuil ag èirigh suas tro amhaich 's aodann a' fàs dearg. Chanainn
ris, ann an sanais, gun a bhith smaoineachadh orra mar Xs is Ys
ann, ach mar ùbhlan is orainsearan. Cha b'urrainn dha. Mar làraidhean
is tractaran a-rèisd, chanainn (bha e dèidheil air draibhigeadh). Cha
robh sin ga thoirt dub air adhart a bharrachd, agus air eagal gun
tionndaidheadh an ainmein a bh' air ri na h-Xs 's na Ys orm fhìn,
bhithinn a' dèanamh nan cuisteanan algebra dha, gun innse dha
ciamar. Bha 'm bla'laoighean dòigheil gu lèor leis a seo, 's dheadh
e air ais gu bhith draibhigeadh làraidh mhòr athar gu àm na suipeir,
a' bùrail air a shocair 's a' gluasad a chasan 's a làmh cheàrr fon
a' bhòrd nuair a thigeadh e gu leathad, ach a' cumail a làmh cheart
os cionn a' bhùird, air a' chuibhle. Bha e còig bliadhna deug a dh'aois,
's a' sèibhigeadh, nuair a bhiodh e dèanamh seo (*Cà'il thu 'n dràsd?*
bhithinn a' faighneachd dha, ann an sanais. *Tighinn gu drochaid Arnoil*,
fhreagradh e.), agus chaidh a thoirt à sgoil Steòrnabhaigh a' bhliadhna
sin fhèin, 's a rotadh gu sgoil shònraichte air Tìr-Mòr, far na
dh'ionnsaich e Beurla a bhruidhinn gun a liopan a ghluasad, agus
rugbaidh. Sin a dh'adhbhraich mo mhòr-iongnadh nuair a dh'innis
e dhomh gur e fear-teagaisg a bh' ann. Agus ged a bha . . . cò
mheud? . . . còig bliadhna deug thar fhichead bho nach do leag
mi sùil air, gun a' mhadainn ud fhèin, dh'aithnich mi anns a' bhad
e. Bha e na bu mhotha, ceart gu leòr, bha 'n t-aodann aige air lìonadh
a-mach – na liopan na bu thighe, mar liopan duine dubh, na sùilean
air bòcadh na b'fhaide a-mach às a cheann, mar gum biodh duineigin
air a ghaothadh bho chùlaibh, tro valve an cùl amhaich – 's cha
robh gaisean eadar e 's na nèamhan, 's bha 'n tiùrr fuilt mu chluasan

's sìos cùl a chinn air liathadh – ach 's e 'n aon aodann a bh' ann. Mar ùmaidhean àraidh, nach eil a' fàs nan inntinn, 's air a bheil aodainn leanabaidh nan seann aois, cha robh càil air beantainn ris, 's cha robh atharrachadh air a thighinn na chruth. Bha e mar a bha e bho riamh.

Willina a' chiad ainm a bh' air a' bhagan; ach cha chuala mis' duine eile a-riamh, am measg am luchd-teagaisg, ag èigheachd càil oirre, na fianais, ach Mrs Murray. Duine, seadh, ach am bla'laoighean. 'S e Willina a bh' aig a' bhla'laoighean oirre. Bha sin nàdurrach gu leòr, 's i pòsd aige. Anns an staffroom, bhiodh iad a' suidhe còmhladh 's a' bruidhinn ri chèile. Bhiodh iad a' coimhead ri chèile fhad 's a bha iad a' bruidhinn, sùil ri sùil, agus chluinneadh a h-uile duine eile anns an staffroom dè bha iad ag ràdh. Ann am beul a' bhla'laoighean, tric, bhiodh na facail, *Mar a thuirt mi fhìn riut, a Willina* . . . 's chanadh e 'n uair sin cuine thuirt e an rud a bh' ann rithe – a-raoir, a' bhòn-raoir – agus càite – anns a' chàr, eadar an geata 's an doras – 's an uair sin thigeadh fairge de Bheurla a-mach às a chorp, faram aice mar neolagan buntàta a' dòrtadh a chlàr fiodha, 's gu dearbha cha robh e a' dèanamh annlan orra. Bha e a' bruidhinn Beurla mar a bha mi fhìn a' bruidhinn Eadailtis, an aon uair a bha mi anns an Ròimh – cabhagach, ann an guth àrd, le tòrr plosgartaich, agus gun spùt a dh'òrdaich Dia aig càil a bha mi 'g ràdh. Ach bha am bagan ga thuigsinn farasd gu leor – shaoileadh tu sin oirre co-dhiù – 's cha b'ann a-mhàin ga thuigsinn ach a' cur corra phlathaig bheag neimheil dhi fhèin a-steach an dràsda 's a-rithist, eadar gach bailc, anns an robh na facail 'mì-laghail' agus 'neo-cheadaichte' rin cluinntinn na bu thric na gin eile. 'S e boireannach aimhreiteach, droch-nàdurrach a bh' anns a' bhagan; tharraingeadh i buaireadh ri faileas. Cha robh an ainmein a' falbh dhith. Bha 'n ainmein oirre nuair a bha i air a dòigh. Chuireadh an gàire aice gaoir tromhad – bha e mar gàire bùidseir a tha dìreach air bàrr na h-òrdaig a thoirt dheth fhèin. A' togail cupan teatha gu beul, shaoileadh tu oirre gu robh i 'g iarraidh gàmag a thoirt à cliathaich a' chupain. Leis an aghaidh ainmeineach dhearg seo, sùilean gun dath idir, falt mar iarann, 's cumadh mar boilear, tha e follaiseach nach robh i am measg na h-àireimh air a' chnoc far an robh iad a' roinn a-mach an eireachdais – 's bha na bh' air taobh staigh sin a cheart cho oillteil. Bha eagal am beath' aig a' chlann roimhpe (an t-aineolas as miosa th' ann, 's e bhith leigeil beathach dhe seòrs' fa sgaoil am measg chloinne); cha robh mi fada anns an sgoil a

44

bharrachd gus na mhothaich mi cho an-fhoiseil 's a bhiodh cuid dhen an luchd-teagaisg a' fàs nan tigeadh i nan àrainn son adhbhar sam bith; cha robh mi fada anns an sgoil a bharrachd gus na dh'fhoghlaim mi carson. 'S e Coinneach a' chiad ainm a bh' air a' bhla'laoighean. Coinneach F. Moireach. Coinneach Flagach. Coinneach Flagach 's Willina. 'S e Darby and Joan a bh' aig Horrocks orra.

Horrocks am fear-ealain a bhios a' tighinn innte a h-uile Dihaoine; chan eil mòran a ghabhas innse mu dheidhinn. Godfrey a' chiad ainm a th' air. Sasannach beag, bho cheann a tuath Shasainn. An aghaidh aige dùint' ann am feusag dhubh 's moilean. Fear-dheilbh math a th'ann. Chunnaic mi pioctairean a rinn e crochait' anns am Lanntair: bha iad math. Bha aon dhealbh nam measg – coin aig faing – a bha math dha-rìribh. Fear eile: *Alex John, Balallan, 1984*. Duine mòr, bàn, le boilearsuit gorm, geamhlag na làmh, 's an seòrsa aodainn a chitheadh tu, air latha fuar, le deàrrsadh às, os cionn truinnsear math brochain. Cha bhi Horrocks a' cur sgillinn ris an Nescafe, na pocanan teatha, 's na pacaidean bainne 's siùcair a th' anns an staffroom – tha thermos aige dha fhèin, làn cofaidh dubh. Tha leabhar beag aige cuideachd, le tòimhseachain-tarsainn ann, a bhios e toirt a-steach leis dhan an staffroom, eadar amannan, 's bidh e suidhe aig bòrd beag uainc whist, feusagach, a mhoilean a' tighinn gu chèile, ag òl cofaidh dubh 's a' lìonadh a-steach thòimhseachan-tarsainn. Mo charraig is mo dhaingneachd fòs: seo mar a tha e ga dhìon fhèin bho dhaoine. Bheireadh an rinn air a' pheansail aige brod na h-èighe ort, nan cuireadh e annad i. Bha am bla'laoighean ga stoirmeadh latha – Horrocks, bho chùl na h-acfhainn-dìon, muigeach, a' coimhead a-mach ris – agus nuair a thuirt am bla'laoighean na bha aige ri ràdh (a-mach air giotàraichean a bha e . . . nach bu chòir a bhith cluich giotàraichean am broinn eaglais . . . gur e ionnsramaidean-ciùil ùr a bh' annta . . . mar a thuirt e fhèin a-raoir ri Willina . . .) 's a dh'fhalbh e, chaidh mi gu cùlaibh Horrocks agus thuirt mi, *'S minig a bhios gaoth ann an caolanan falamh*, agus dh'aithnich mi air Horrocks gun thuig e mi. Dh'aithnich mi air cùl a chinn aige. Bhon uair sin, cha bhruidhninn ris ach ann an Gàidhlig. Dhiùlt e son ùine mhòr mo fhreagairt innte, neo fiù 's aideachadh gu robh e tuigse facal a bha tighinn às mo bheul. Ach rinn mi a' chùis air mu dheireadh thall, ge b'oil leis – agus 's e am bagan bu choireach.

(Tha faireachdainn agam gum bu chòir dhomh a bhith greastachdainn orm leis an sgrìobhadh seo. Gu bheil uair àraidh air a cur romham, 's nach fhaod mi dhol seachad oirr'.)

Mar a rinn mi a' chùis air Horrocks, a-rèisd (a' cuimhneachadh na h-uarach), 's ann mar seo. Chaidh slisinn à rùlair fiodha na mo chorrag latha, a bha failleachdainn orm a thoirt aist', agus thuirt Horrocks rium gu feuchadh esan, ma bha mi fhìn deònach, 's thuirt mi OK. Bha seacaid air – bomber jacket – mar a bhios air Fidel Castro, le pòcaidean làn fhiucanan agus siops air a feadh. Chaidh e *zdraaads-fiuc-zdreeeds*, 's a-mach à aon phòcaid thug e pacaid shnàthadan, 's mach à pòcaid eile (anns a' ghàirdean aice a bha an tè s') paidhir tweezers mar a bhios aig boireannaich son am moilean a chur cam. Leig Criosaidh Hearach, a bh' aig a' bhòrd whist còmhla rinn, lachan mòr gàire nuair a chunnaic i an rud a rinn e. " 'S e seacaid mhìorbhaileach a th' ann an sin, a Ghoraidh," thuirt mi ris. "Siuthad, fosgail pòcaid eile, gun fhios nach lorg thu acair." Cha do rinn e gàire idir – ma rinn, cha dèanadh tu a-mach, air cùl an fhionnaidh. "Givvus thi hand ower," ars esan, agus thòisich e. "Dean a-nis air do shocair, a Ghoraidh," chomhairlich mi e. "Cuimhnich nach ann ag ithe faochagan a tha thu." "Keep thi hand still," arsa Horrocks. "Keep thi gob shut anall." "Cum thusa d'aire air an rud a tha thu feuchainn ri dhèanamh, a Ghoraidh," thuirt mi air ais ris, " 's na bi cho mì-mhodhail ri duine nas aosd' na thu fhèin." " 'S e tha mì-mhodhail na mo bheachd-s' " – thàinig guth a' bhagain a-mach, le sgal, mar urchair à gunna, àrd, ann am Beurla, 's i coimhead ris a h-uile duine ach riums' – " 's e tha mì-mhodhail, na mo bheachd-s', ach duine tha cumail air a' bruidhinn ann an cainnt ri duin' eile fad na h-ùine nuair tha fios aige, fios glè mhath, nach eil an duin' eile ga thuigsinn. Sin tha mì-modhail, na mo bheachd-sa . . ."

Mar a chanadh mo mhàthair, bha "sang dumb" anns an staffroom. Chum Horrocks air leis an t-snàthad.

" 'N cuala tu siud, a Ghoraidh?" thuirt mi ris. "Tha coltach g'eil . . . aobh! . . . gur e duine . . . aobh, thuirt mi riut! . . . mì-mhodhail a th' annamsa, son a bhith bruidhinn riut mar a tha mi."

Steig Horrocks an t-snàthad air ais dhan a' phacaid pàipeir, 's thog e na tweezers.

"Dùin do chab," thuirt e.

Thòisich e le na tweezers.

"Cò a th' ann an Alex John, Balallan, 1984?" dh'fhaighnich mi dha, nuair a thill mo chòmhradh thugam. "Tha càirdean agamsa shìos anns na ceàrnaidhean sin."

Chum Horrocks na tweezers suas, leis an t-slisinn innte.
" 'S ioma cousin cac a th' agad," arsa Horrocks.
Fiù 's am bla'laoighean nach robh "sang dumb". Ach nuair a
sheall mi ris a' bhagan, cha b'ann gu mo bhuannachd a bha e. Bha
'n aghaidh aice air a dhol glas, mar craiceann fuar-lit, am beul aic'
air seacadh, agus an dà shùil, anns nach robh dath idir, reòthte
na ceann mar dà chlach bheag chruaidh. Seachad air tàmailt, seachad
air ainmein, seachad air fuath, 's e mo bhàs a bha iad ag iarraidh.
Bha iad a' deònachadh mo dhol à bith. Cha bhiodh iad sàsaichte
le na bu lugha na sin. Mair thusa beò, a bhiast, thuirt mi rithe na
mo cheann fhìn. Chan fhada gu faigh thu miann do chridhe. Chuir
an aghaidh aice uamhaltas orm.

Cha chuir an aghaidh a th' air a' mhaighstir-sgoile uamhaltas
air duine, 's cha chuir an duine dham buin an aghaidh dragh air
duine eile tha beò, mas urrainn dha fhèin a leasachadh. Murchadh
Moireach an t-ainm a th' air. Chì thu e an dràsda 's a-rithist; nuair
a tha an sgoil a-staigh, 's a tha e sàbhailt dha a thighinn a-mach,
a' spàgail tarsainn a' phlayground aig peilear a bheath' – ìosal, a
thòin faisg air làr, 's na gàirdeanan aige, mar dà phleadhag, a' sguabadh
coin na gaoithe gu cùl a chois. Ach 's ann ainneamh a gheibh thu
an sealladh sin fhèin air. Thachair an dithis againn ri chèile aon
uair, gun fhiosd, agus rinn sin fhèin a' chùis. Aig doras an W.C.
a bh' ann, thug an dithis leum asta còmhladh, mhol an dithis an
latha 's an tìde mhath, gur math ma mhaireadh, dh'fhaighnich fear
dha fear an robh fear a' seatlaigeadh sìos ceart gu leòr anns an
sgoil, thuirt fear ri fear gu robh, thuirt fear gu robh fear toilichte
sin a chluinntinn, agus le sin dhealaich sinn, fear a-steach gu poit
a bha blàth air a choinneamh, fear air ais gu clas a bh' air am
fàgail leotha fhèin fada ro fhada . . .

Airson MhicCoinnich, am fireannach eile a th' innte – duine
òg a th' ann, bhon Taobh Siar, taobheigin. Fear-teagaisg maths.
Fàileadh an fhallais gun falbh dheth. Falt slìobach, bàn; aghaidh
shleamhainn. Chuireadh tu gnùig anns an fhaileas a tha na mhaoil.
Thàinig mi air uair, na shimid, ga nighe fhèin, an dèidh dha na
tidsearan a bhith cluich ball-coise an aghaidh nam balach, agus tha
'n druim aige mar druim muncaidh cho molach, le fionnadh soilleir
ruadh. An aon dhuine riamh a chunnaic mi le fionnadh air a dhruim.
'S na tha os a chionn cho sleamhainn, lom. Ceann Iacob air corp
Esau. Deise agus deudan, gorm agus uaine, air nach eil bruis aodaich

no fhiaclan a' laighe. Geansaidh tiugh boban fon an t-seacaid, air a shàthadh sìos a bhroinn na briogais, fàileadh na h-ola bhon a' chlòimh. Brògan dubh, le barallan. Stocainnean boban, a bhios leòcaidean na sgìre a' fighe dha. Crìosdaidh a th' ann am MacCoinnich, fàileadhach, bog-cheumach, fallasach, a tha ri lorg aig gach searmon, coinneamh-ùrnaigh, coinneamh-sheachdain, coinneamh-mhìos, coinneamh-bheag, taigh-fhaire is adhlaiceadh gum bi sluagh a' Chruithfheir, an àireamh thaghta sin, a' siubhal nan càraichean, fad' is farsaing, air feadh an eilein sa. Bidh guirean a' tighinn air smiogaid MhicCoinnich, an còmhnaidh anns an aon àite. Guirean dearg, le ceann buidhe, às am bi iongar a' bùireadh.

Ann an talla na sgoil, a h-uile madainn, aig leth-uair an dèidh naoi, bidh a' chlann 's an luchd-teagaisg gu lèir a' tional. Bidh Murchadh Moireach, am maighstir-sgoile, a' tighinn a-steach 's a' suidhe leis fhèin air sèithear aig cùl na stèids, agus bidh MacCoinnich a' dìreadh suas chun na stèids as a dhèidh, le Bìoball mòr na sgoil aige fo achlais. Bidh e a' cur aghaidh air a' chlann, a' maoidheadh orr' a bhith sàmhach, bidh e an uair sin a' dèanamh ùrnaigh ghoirid, 's a' leughadh cuibhreann à facal an Tighearna, ann an guth critheanach, sòlamaite, tur eadar-dhealaichte bho guth nàdurrach. 'N uair sin tha h-uile duine a th' anns an talla, aosd' is og, a' seasamh, a' cromadh an cinn, a' dùnadh an sùilean, 's tha MacCoinnich, leis an aon ghuth, gan treòrachadh tro *Our Father.* An Dihaoine a bha seo, ge-ta, 's MacCoinnich dheth leis a' chnatan, chaidh fear eile a cheann an adhraidh.

"Thighearna!" thuirt mi ri Criosaidh Hearach nuair a chunnaic mi e a' dìreadh suas air an stèids. "Chan eil atharrachadh nan gràs air an cois gach trioblaid eile?"

"Tha gu dearbha," ars ise.

"Thighearna!"

Sheas am bla'laoighean air ar beulaibh, dhùin e na marbails, agus thòisich e ag ùrnaigh. Cha robh e dol ach son ùine ghoirid nuair a thuirt mi rium fhìn gu faodadh MacCoinnich a bheul a chumail dùint', à seo a-mach, a leabhraichean a thogail, 's a dhol sìos an rathad – cha dèanadh e paids ris a' churaidh seo. Urnaigh fhada a bh' innt' – bha tòrr aig a' bhla'laoighean ri ràdh ris a' Chruithfhear – agus am meadhan na h-ùrnaigh, chaidh e caran iomrall, sguir e a dh'ùrnaigh, agus fhuair sinn searmon beag snasail bhuaithe, anns an tug e samhla dhuinn air ar beatha an seo, air thalamh. Thuirt e gu robh sinn uile air thuras anns an t-saoghal seo, mar gum biodh, air biast de bhus. 'S e Iosa Crìosd, an Slànaighear, a bh' air cuibhle-stiùir a' bhus a bha seo, agus 's e an Spiorad Naomh a bha tighinn timcheall a' reic nan ticeardan. Nuair a thigeadh sinn bhon a' bhus, aig ar ceann-uidhe, bhiodh Dia, an t-Athar, a' feitheamh rinn ann an sin (nàdur de dh'Inspeactair), son sùil a thoirt air na ticeardan againn, an robh iad ceart no cèarr, no an robh ticeard idir againn. Chuir e ri sin, mas math mo chuimhe, gur e ticeardan singilte a-mhàin a bhathas a' reic air a' bhus sa . . . nach robh a leithid a rud 's return . . .

"Cha robh càil a dh'fhios a'm," thuirt mi.

"Tha," arsa Criosaidh Hearach. "A' comanachadh o chionn fhada."

. . . Tèile le sùilean mear, glùinean cruinn, dòighean socair. Cà robh na boireannaich seo nuair a bha mise gan lorg? Cà robh Maois nuair a chaidh an solas às?

"Dè mu dheidhinn a' bhagain?"

"Dèan thusa sin a-mach . . . Bha e air a' Cheist aig òrduighean Ghrabhair," thuirt i an uair sin. "Chuala m' athair e."

"Bha mi air a dhol a dh'èisdeachd ris," thuirt mi, agus sheall i rium. Ach 's e 'n fhìrinn onarach a bh' agam.

"Bha mi air pàigheadh son faighinn a-steach," thuirt mi.

. . . Aig Seirbheis na Nollaig, fhuair sinn ùrnaigh bhon dithis – MacCoinnich (dubhach) aig toiseach na seirbheis, agus am bla'laoighean (drùidhteach) aig an deireadh. Agus eatarra – rud a chòrd ris a' chlann bheag a bha 'n làthair – teisteanas duine dubh às na h-Innseachan, fineach bhon a' bhroinn, a bhiodh ag adhradh dha iodhalan fiodh agus cloich, agus dha earball bomair Lancaster a thuit a-mach às na speuran aig àm an dàrna cogaidh, ach a bha nise, taing dhan a' mhiseanairidh gheal a fhuair lorg air anns a' choille anns an robh e, agus dha Eaglais na h-Alba, a chuir am miseanairidh ann anns a' chiad àit', na Chrìosdaidh cho math ri càch, air ionnlaid ann am fuil an t-Slànaigheir, saor on olc. Duine beag dubh le fiacail stòrach, sùilean buidhe, falt cho troimhe-chèile ri nead ròcais, agus lèine shrianagach le prìne òir steigt' tron a' choilear aice, air cùl na taidh. Oidhche mhòr a bha siud, ann an sgoil bheag.

Ged a tha MacCoinnich òg, bidh e a' bruidhinn mar seann dhuine. *Sin ar crannchur anns an t-saoghal s'*, cluinnidh tu e ag ràdh, le osann. *Chan e seo baile mhaireas* . . . Tha crùib air, gualainnean

49

cruinn; 's leis na tha e ag ith de shiùcaran milis, tha na fiaclan air lobhadh na cheann, 's tha fàileadh bho anail a leagadh an t-ailbhean. Chan eil e sgur a dh'imleach a liopan. Tha Horrocks dhen a' bheachd gu robh e dà fhichead bliadhna a dh'aois an latha a rugadh e. Nuair a bha dùil ri mo bhràthair Dòmhnall dhan eilean, gu òrduighean beag, thàinig e far an robh mi le drèin air aodann, mar duine bhiodh dìreach air làn spàin mhòr de shòda-arain a shlugadh (thuig mi gur e gàire a bha seo), dh'imlich e liopan, 's dh'fhaighnich e, *Agus agus agus am faod dòchas a bhith againn gu bheil Maighstir MacLeòid, ur bràthair, an duine beannaichte, a' tighinn a-nall a Mhacedonia ga ar cuideachadh-ne?* . . .

Leis an uaireadair a' bragail nas luaithe 's nas luaithe (ach gabhaidh stad a chur air uaireadair; ionnsaichidh tu sin cuideachd, ma bhios tu beò fada gu leòr), tha mi tighinn a-nis gun na trìtheamh tè a th' anns a' bhun-sgoil: Iseabail. 'S e Iseabail a th' air ceann na bun-sgoil, ged nach aithnich duine sin oirr'; na clasaichean as òige a tha i teagaisg. Criosaidh Hearach a tha teagaisg a' chlas mhòir; mar sin, 's ann ris na truaghain a th' anns a' mheadhan, fo smab a' bhagain, a tha an saoghal a' tachairt, son sia uairean a thìde gach latha.

Comhaois Dhòmhnaill againn a th' innte, bha iad air an aon chlas còmhladh an sgoil Steòrnabhaigh – tha sin ga dèanamh trì bliadhna co-dhiù nas sine na mis'. Ach aig an aois a tha sinn a-nis – na bliadhnaichean a' druideadh, tìm air a' chaoch – nach e na comhaoisean a th' annainn uile, nach ann air an aon rathad a tha sinn a' marcachd còmhladh? Tha cuimhn' agam oirr' a sgoil Steòrnabhaigh, far an robh i fuireachd ann a hostail nan clann-nighean air a' Mhol a Deas, a' seinn ann an còisir nan clann-nighean, fo stiùireadh Anna Sheumais, 's a' buannachadh gach leum is rus is eile air latha nan Spòrs, shuas an Cnoc nan Gobhar. Ach 's e fìor chuimhne a th' aicese air bràthair beag Alf (sin an far-ainm a bh' air an urramach anns an sgoil, an dèidh Alf Tupper, the Tough of the Track); chan eil cuimhn' idir, ged a dhearbh i air mo bhus gu faca i mi uair, am measg balaich bheag eile, a' feuchainn leth-chois, sìnteag is cruinn-leum air cùl na science labs aig Springfield; gun deach mo chasan mu cheile, 's gun thuit mi air mo cheann-dìreach dhan an t-sloca gainmhich, a' treabhadh na gainmhich le m' shròin. An dèidh dhi seo innse dhomh, b'fheudar dhi suidhe sìos agus tòiseachadh a' suathadh a sùilean le nèapairig beag geal a thug i a-mach às a muinichill. *Duineigin eile a bha sin*, thuirt mi rithe, ach chrath i a ceann, fhathast a' suathadh a sùilean, agus thuirt i nach b'e.

As a' bhaile seo fhèin a tha i, dhan a' bhaile seo fhèin a thill i, an dèidh nan trì bliadhna trèanaigidh a dhèanamh ann an Colaisd Chnoc Iòrdain. Sin an taigh aice, tha mi coimhead ris an dràsd, a-mach air uinneag mo rùm; an taigh mòr geal, leis fhèin air a' chnoc. Tha i ann leatha fhèin; cha do phòs i a-riamh. Ged nach eil air druim eilean Leòdhais cho stampail. Falt mar sgiath an fhithich; rasgan fada dubh. Sùilean ciùin. Ach cha do phòs i a-riamh. Tha cuimhn' agam oirre, an sgoil Steòrnabhaigh, a' seòladh tron a' phlayground mar luing fo h-uidheam, nighean mhòr eireachdail; tè bheag reamhar às na Lochan an comhnaidh na tobha. Tha cuimhn' agam oirre, air latha nan Spòrs, a' feuchainn leum àrd. Guireanach, le briogais ghoirid, glùinean sgreabach, 's ruill bhuidhe loileapop-deigh a' Chando mu mo bheul, bhithinn ga leantainn air ais dhan an sgoil aig àm na diathad, suas Sràid Fhrangain, a' coimhead ri cùl nan casan aic' anns na naidhleans. Mi fhìn, Snarler is Boko. Nan robh i air a ceann a thionndadh, 's càil a chantainn rinn, bha sinn air ruith le eagal ar beath'. Mar a thug mi 'n daoibhe uair a-steach a bhùth Tholmie, a' feuchainn rl seachnadh nighean à Càrlabhagh air an robh gaol mo chridhe agam. Son nach biodh agam ri 'Aidh, aidh' a chantainn rithe anns an dol seachad. Cha robh duine a-staigh romham am bùth Tholmie ach Tolmie fhèin — an ceann odhar, caiseach aige a' coimhead a-mach rium tro haidse. Dh'iarr mi pacaid dub air — a' chiad rud a thàinig a-steach na mo cheann. An àite *sheep dip*, thuirt mi *ship deep*. Thuirt Tolmie rium gu robh mi anns a' bhùth cheàrr — feuchainn bùth Theàrlaich. Gur e a bha seo, aigesan, ach bùth ceimist. Air mo shlighe a-mach, dh'èigh e as mo dhèidh gun cumadh e sùil a-mach air mo shon aig an ath chàrnabhail. Eagal ro nighean a' tighinn air sràid na mo choinneamh. Eagal ro Tolmie. Eagal.

Cha do phòs i a-riamh. Chan eil rian air nach robh gu lèor an tòir oirr'. Ach dh'fhuirich ise anns an taigh mhòr gheal air a' chnoc, nighean an rìgh, a' coimhead às dèidh an toiseach a h-athair, a-rithist a màthair, a-rithist peathraichean a màthar. Eadar an taigh 's an sgoil, eadar an sèithear 's an leabaidh, eadar a' phoit 's an soitheach. Agus aig deireadh an latha, sùilean a' dùnadh, làmhan gam pasgadh, bucas dùinte a' dol dhan talamh. Eadar dleasdanas is diadhachd, ciamar a bha dol a shoirbheachadh le fear-suirghe co-dhiù? Thàinig an cùram oirre, mar a thàinig e air iomadach tè dhe seòrs', nuair a bha Donnchadh Caimbeul air chaoch anns na h-Eileanan, aig toiseach nam 50s. Làithean neònach, daoine mòr a' toirt na leap orr' aig àird a' mheadhan-latha, daoine eile a' bruidhinn mun deidhinn; oidhcheannan cho murrainneach, sàmhach 's gun cluinneadh tu, air leth-siar a' bhail' againn, fuaim na h-aibhne a' dòrtadh, man morghan, fon an drochaid shìos anns a' ghleann. Ach bha solais nan carbadan air an rathad a-muigh, a' tighinn bho shìos an sgìre 's a' gluasad deas; agus aon oidhche, solais anns an eaglais bheag againn fhìn; agus nuair a sgaoil a' choinneamh, clann-nighean mhòr a' riagail ri soillse na gealaich, a' glaodhaich son maitheanas air na sràidean. Sin an oidhche a dh'innis mo mhàthair dhuinn gur e dùsgadh a bh' ann an seo, am measg an t-sluaigh – agus dh'aithnicheadh tu oirre, fhad 's a bha i ga innse, gu robh i an-fhoiseil 's frionasach; bha sgian na guth; mar beathach fiadhaich, le h-àl mun cuairt oirr', a tha faireachdainn stoirm a' tighinn, bho fad' air falbh.

Tha dùsgadh mar seo an còmhnaidh a' fàgail tòrr chlann dhìolain na rotail. Tha e farasd brath a ghabhail air ighneagan nuair a tha iad anns an staid chugallach seo, air an ùr-lìonadh leis an Spiorad, agus leughaidh tu ann an eachdraidh gu robh droch dhaoine ann bho riamh a bhiodh a' leantainn dùsgaidhean dhen t-seòrs' son an dearbh adhbhar sin, nach robh càil eile air an aire, gun thachair iad ri Iain Wesley 's na Methodists, gun deach àireamh chlann dhìolain Ghlaschu suas chan eil fhios dè an dèidh dha Billy Graham tadhal ann, agus a rèir Uilleim mo bhràthair, aig a bheil fios air na rudan sin, cha robh Donnchadh Caimbeul saor 's iad a bharrachd – bha aon fhear, co-dhiù, bho na Lochan, a bhiodh ga leantainn air feadh an eilein, air motair-baic BSA, son faighinn chun nan clann-nighean an dèidh gach coinneamh le briathran comhfhurtachd is speathar fhosgailt'. Bha mi ag innse seo dhaibh anns an staffroom aon fheasgar.

"Uill, 'ille, tha thu breugach!" (Iseabail).

"An robh, a Choinnich?" (Horrocks).

"What? Pardon?" (am bla'laoighean).

"Fear bho na Lochan a bhiodh a' leantainn coinneamhan Dhonnchaidh Chaimbeil . . .?"

Am bla'laoighean: "O bha! Bha tòrr! Tòrr mòr! . . ."

". . . son ionnsaigh a thoirt air a' chlann-nighean òg . . .?"

"Ud, ud, ud! Dagon! Dagon!"

Am bla'laoighean a' crathadh a chinn 's a' dùnadh nam marbails.

Osann bho MacCoinnich.

"Nach tu tha breugach!" (Iseabail).

" 'S ann a bha 'm modar-buic aige fhèin . . ." (Criosaidh Hearach)

"Mise ro òg son motor-baic aig an am" (mise). "Bha baidhsagal agam. Raleigh. 'Once a Raleigh, now a rabhc.' 'N cuala tu siud a-riamh, a Ghoraidh . . .?" 'N uair sin thuirt mi ri Iseabail, "Bi thusa taingeil nach tàinig e nad àrainn fhèin, fear nan Loch . . ."

"Cha bhiodh e fiot, 'ille. No thusa leis!"

Cha do rinn an diadhachd gruamach idir i. A' gàireachdainn, tha tighinn oirre suidhe, agus tòiseachadh a' suathadh a sùilean le nèapairig.

Air an aon chlas ri Dòmhnall mo bhràthair. The Tough of the Pulpit. Bidh e tighinn a chèilidh oirr', bha i 'g innse dhomh, uair sam bith a tha e anns an sgìre, a' searmonachadh. Aithnichidh i Cairstìona a bhean, aithnichidh i na balaich, còig càmhail. Dè shaoil thu dhen a' cheathramh fear, dh'fhaighnich mi dhith, air a bheil m' ainm? Balach còir. Coltach rl bràthair athar fhèin. Na mo leabaidh air thalamh, na mo leabaidh bhith-bhuan, cha laigh ach tè cheàrr ri mo thaobh.

. . . Aig seirbheis na Nollaig, mus do sheinn a' choisir *Soraidh Leibh is Oidhche Mhath Leibh*, chaidh i suas chun na stèids, agus le gùn geal sìoda oirr', clann bheaga mun cuairt oirr', solais a' danns' oirr', agus ad air a ceann mar an ad a bh' air Iseabail Bhàn anns an amhran, le ribeanan hi-liù, a' crathadaich hu-leò, thug i taing dhuinn son a thighinn a-mach air oidhche cho fuar. Cha do chòrd an ad ri feadhainn dhen an luchd-èisdeachd. Chuir i uinnlean gu putadh, sùilean gu priobadh. *Abair bonaid air tè-aidich!* chuala mi mùgair a' sannsaireachd air mo chùlaibh, 's dh'fhairich mi an trothail casdaich a' tighinn orm, 's an smugaid bheag shearbh a' cuilmeadh aig bràigh mo shlugain. *Nach b'e sin an leadaidh!* thàinig bho thaobh eile. Ma bha 'n geamhradh a-muigh, bha 'n geamhradh a-staigh.

(Reothart a-nochd: am muir na thàmh. Aodann bàn na gealaich a' coimhead a-steach air an uinneag rium. Cuan eile a' sluaisreadh na mo chluasan . . . Cionnas as urrainn dha daoine cadal gun dùsgadh air oidhche cho bòidheach? Chan ann agad a tha ri èirigh anns a' mhadainn . . .)

Cha robh mi anns an taigh aice ach aon uair. Air feasgar Dihaoine, an dèidh na sgoil. Fhad 's a bha am balach og – Mac Mhurchaidh na Biodag –

"Mac Thormoid a' Chlaidheimh –"

– a' feuchainn ris a' chàr agam a chur a dhol. Balach òg, modhail; boilearsuit gorm air, le glùinean is fàileadh a' pheatroil. Baga tools na làmh. 'S math nach do leig e sìos e air làr glan a' chidsin, bha e air fàgail brod an làraich. Chuir boireannach spaideil anns a' bhaile againne baga coltach ris, a dh'fhàg plumair, a-mach às an taigh le spaid.

" 'N toir thu sùil air a' chàr aige, a Mhurchaidh – ?"

"A Dhòmhnaill –"

dh'fhaighnich i dha.

E coimhead sìos ris an lar, am fianais a' chiad tidseir a bh' aige a-riamh. Làr faileasach a' chidsin.

"Uh . . . feuchaidh mi mo bhest . . ."

'N aghaidh aige a' fàs dearg, am fianais an tidseir.

" 'N toir thu fada, 'n dùil . . .?

"Uh . . ."

An dithis againn a' coimhead ris. An triùir againn an uair sin a' coimhead ri chèile. Rudeigin ceàrr air càr a' bhodaich. Fhathast a-nochd, le chròg chomasach timcheall air glainne pinnt, innsidh e dha na balaich eile dè 'n rud a bh' ann, 's mar a fhuair e lorg air. *An torque judder a' bualadh anns a' hardy spicer . . . orm floating flange ùr 's grommet a chur air . . .* 'S bidh na balaich eile a' tuigsinn a h-uile smid tha tighinn às a bheul, 's a' dol *Aidh, aidh, mura robh mi a' smaoineachadh sin, am fuaim a bh' aige a' tighinn suas leathad an taigh-sgoile an-diugh anns a' mhadainn . . .*

"Uh . . . na sheall sibh an robh ola ann?" dh'fhaighnich Murchadh –

"Dòmhnall –"

"Ciamar a bhios tu dèanamh sin?"

Phriob a shùilean, luath, dà uair; ach cha dubhairt e càil. Chrath Iseabail a ceann.

"Thoir dhiot do chòt'," thuirt i rium. "Chó math dhut do theatha a ghabhail an seo fhèin . . .

Dh'fhalbh Murchadh, 's am baga tools, còmhladh.

"Cà 'n croch mi e?"

"Fàg an sin fhèin e, 's gabh suas chun an teine . . . Eil fhios agad air cail *idir* mu dheidhinn càraichean?"

Shuas aig an teine, bha dà chat nan suain – fear gorm air an t-sòfa, fear glas ann an sèithear; fear eile, nuair a sheall mi null, air taobh muigh na h-uinneig, a' leum suas air a' ghlainne le spògan toisich, 's a bheul a' fosgladh 's a' dùnadh, ag iarraidh a-steach. Dealbhan air a' bhalla: os cionn a' mhantelpiece, cailleach is bodach nan aodach Sàbaid – a' chailleach na suidhe, le currac dubh air a ceann 's am Bìoball na h-uchd; am bodach le aon làmh air a gualainn, na sheasamh ri taobh. Shìos bhuapasan, clas beag chlann-sgoile: cha b'ann an-dè a chaidh a thogail. Na h-aodainn bheag neo-chiontach, nach eil ag atharrachadh bho linn gu linn, 's aodann Iseabail nam measg, anns an t-sreath mheadhain, le falt ann am figheachan, 's i bu mhotha a bh' air a' chlas. Taidh thartain oirre, broidse chruinn . . . Na dealbhan-pòsaidh a th' anns a h-uile taigh, le ainm na stiùidio far an deach an togail sgrìobht' anns an oisean ìosal. *'S math ma mhaireas*, bhiodh mo mhàthair ag ràdh, a' coimhead ri na dealbhan-pòsaidh anns a' *Ghasait* . . . Seòladair na èideadh mara, le pòcair suas a shnàile, 's grèim aige air bonaid cruinn an nèibhidh mar gum bu chòir dha pacaid Kensitas a bhith air. An aon ghaisgeach (bràthair a h-athar? bràthair a màthar?) ann an civvies, a' coimhead an aghaidh na grèine, 's faileas dubh fear a' chamara, le uinnlean a-mach, a' tighinn tarsainn air a' ghlasach 's a' sreap gu putan-meadhain na seacaid aige . . . Chan fhaca mi dealbh ministeir air na ballaichean aice, no dealbh dhen an teaghlach rìoghail, no an dealbh dhen an nighean bheag leis a' bhoinne-taige ri sùil, cha mhotha a bha canabhas bho Mùirneag Galleries, no earrainn às a' Bhìoball, air a grèiseadh ann am frèam thana, le cuibhlichean beaga copair ga cumail ri chèile aig gach còrnair. Ann an ceas leabhraichean le dorsan glainne air, air dàrna taobh an teine, chunnaic mi *An Encyclopaedia of Birds, Life on Earth,* leabhar eile air eòin (eòin mara), *Eilean an Fhraoich, Bàrdachd Leòdhais, Bàrdachd Mhurchaidh a' Cheisteir,* agus Spurgeon. Ach nobhails cuideachd. Iris Murdoch. Edna O'Brien. Uill, uill. *Treasury of Children's Literature. Sàr Obair nam Bàrd. Orain Màiri Nighean Alasdair Ruaidh.* 'S a choltas air gach leabhar g'eileas ga leughadh . . . "Teich an cat sin a-mach às do rathad, " tha i 'g èigheachd, bho shuas an staidhre, " 's dèan thu fhèin aig an taigh . . ." Na h-ornaments bheaga, glainne 's priostail, leis am bi boireannaich a' sgeadachadh an taigh. Nighean bheag air riapa-steallag, balach beag le bonaid Duitseach ga sàthadh. Eala chriostail. Peileagan, le toll na dhruim airson airgead. Mar pheileagan an fhàsaich mi, 's mar chailleach-oidhch' nam beann. Tha mi ga chrathadh. Mu 50p, chanainn, mas e sgillinnean ruadh a tha i cur ann . . . Agus sùil dhan an china cabinet. Poit teatha Shìonach. Glainneachan criostail, bobhlaichean ruadha Chataibh. Soitheach ime: present from Yarmouth. Eathar ann am botal: obair làimh an t-seòladair a bhios an seo. Chan e eathar ach bàta-siùil trì-chrannach, a' seòladh air suailichean glas luaidhe, air na pheant e cìreanan geala; 's air a cùlaibh, air a' ghlainne am broinn a' bhotail, ge ar bith ciamar a rinn e e, adhar gorm, sgòthan gruamach a' sgèith ann, 's faoileagan geala ron a' ghaoith. Tha fios agam air ainm a h-uile luibh-phoite th' aice, ach am fear dubh is purpaidh crochait' anns an uinneag bheag. Tha i a' nochdadh anns an doras le treidhe na làimh. Air aodach eile a chur uimpe. Geansaidh buidhe. Sgiorta dhubh. Fhad 's a bha mise shìos an seo a' coimhead rl leabhraichcan 's dealbhan. Tha crith bheag a' dol tromham. "Nach suidh thu air do thòin," tha i 'g ràdh rium. "Con a tha thu fhathast na do sheasamh?..." Botal uisge-beath' 's botal searaidh air an treidhe. Dà ghlainne. " 'Eil thu gabhail bùrn ann an uisge-beath'?" Siuga bùirn air an treidhe cuideachd. Teachers Whisky sgrìobht' air. Cà 'n d'fhuair thu e, no cò thug dhut e? Chan eil mi gad fhaicinn-s' a' ruith a-mach à taigh-òsd' le siuga fo do chòta. Tha i ag innse ainm na luibh-phoit dhuibh is phurpaidh dhomh, 's chan eil mi a' toirt diog ga dhìochuimhneachadh. Fhuair i e bho leadaidh-miseanairidh. Tha mo phiuthar-sa pòsd aig miseanairidh. Thall am Malaya. Duine le ceann mar put-iasgaich, làn semi-colons. Cò tha sin anns an dealbh mhòr os cionn a' mhantelpiece? Mo sheanair 's mo sheanmhair. Gobha a bh' ann, seall na crògan. Sin mo mhàthair 's m' athair. Tha thu nas coltaiche ri do mhàthair. Tha a h-uile boireannach a' fàs coltach ri màthair. Dè 'n leabhar anns na leugh thu sin, a Mhurchaidh? Ta, siud an fhìrinn dhut. An soisgeul a reir Osgar. Agus anns an dealbh seo . . . ? Mo phiuthar 's an duine. Màiri. Tha i nas sine na mi, còig bliadhna. Pòsd ann an Sasainn. Bidh iad a' tighinn dhachaigh son ceala-deug a h-uile samhradh. 'S caomh leisesan a bhith ag iasgach air na lochan. Ralph an t-ainm a th' air, carson? Chan eil airson càil. Calling for Hughie. Ralph. Tog do ghlainne.

"Do dheagh shlàinte, Iseabail."

"Air do shlàint' . . . Siuthad, suidh."

Tha mi ga mo leigeil fhìn sìos air oir an t-sèithir, gun dragh a chur air a' chat. Tha Iseabail a' cur car na ceann, a' coimhead rium, 's tha 'n gàire a falbh bho h-aodann. Dol a dh'fhaighneachd rudeigin dhomh.

"Agus nach innis thu dhomh fhìn an dràsd, a Mhurchaidh
. . ." – na sùilean seimh aice a' coimhead rium – " . . . cuine tha
dùil agad fhèin 's aig Horrocks sgur a tharraing à Coinneach bochd?"

"Coinneach?"

('N aire ort fhèin an seo!)

"Seadh."

"Coinneach Flagach?"

"Coinneach."

"Do shlàint' a-rithist!"

"Chan eil sibh a' leigeil beul às. Mi nam èiginn agaibh a
h-uile Dihaoine. Cuine tha sibh dol a sgur dheth?"

"Uill . . . ach dè tha sinn a' *dèanamh* . . . ?"

"A' cur cheistean air. Fios glè mhath agad dè tha sibh a' dèanamh.
'Na chruthaich Dia barrachd air aon dhuine?' . . . ' 'Eil e ceadaichte
a dhol dhan an eaglais Latha na Sàbaid air baidlısagal?' . . . Fios
glè mhath agad dè tha sibh a' dèanamh."

"Uill . . ."

"Chan e adhbhar gàire a th' ann idir. 'S bu choir dhuibh sgur
dheth. Dhutsa, co-dhiù."

"Carson?"

"Son gur e cùis-thruais a th' ann."

"Bidh e a' dol gu dorsan dhaoine 's a' maoidhean an lagh orra."

"Bithidh, an truaghan."

"Bidh e dol gu dorsan dhaoine 's ag innse dhaibh gu bheil
iad a' briseadh na Sàbaid . . . Dè seòrs' duine tha sin?"

"Duine gun seadh. Bla'laoighean, mar a th' agad fhèin air. Na
ghocaman aig creutair gun reusan. Agus a Mhurchaidh . . . Tha
i 'g èisdeachd ribh a' tarraing às an duine aice, agus a Mhurchaidh
. . . gun toireadh Dia maitheanas dhomh son seo a chantainn ...
's e fìor dhroch nàmhaid a th' innte. Beò air aimhreit; chan iarradh
i chaochladh. Agamsa a tha fios agus faireachdainn air a sin. 'S
na bi smaoineachadh gun dèan thu a' chùis oirre. Cha dèan. Fàsaidh
tusa sgìth mus fàs ise. Chan eil eagal dha Horrocks, tha e làn dhen
fhear-mhillidh, mar i fhèin. 'S tha fios aice cò air a dh'fhaodas i
a dhol dàn, 's cò dh'fheumas i sheachnadh. Ach chan e sin dhuts'
e –"

"Na bi cho cinnteach."

Chrath i a ceann.

" 'N cuala tu mu dheidhinn Horrocks agus na poilis?"

"Dè bha seo?"

"Mìos is còrr bho thachair e. Dà phoileas òg ann am panda car, a chunnaic bhana Horrocks na stad ann an cuaraidh, taobh thall Airigh Bhruthaich. Mìos, còig seachdainean bhuaithe. Dè b'fheàrr – son nach robh 'n còrr aca ri dhèanamh – ach lùbadh a-steach dhan a' chuaraidh, a thighinn a-mach às a' chàr, 's tòiseachadh a' gabhail dhan a' bhana lem brògan 's len dùirn, a' leigeil toirdsichean a-steach air na h-uinneagan, 's ag òrdachadh na bha 'm broinn na bhana a thighinn a-mach aiste! A' cur seachad na tìde dhaib' fhèin a bha iad, tha thu tuigsinn. Cha robh 'n còrr aca ri dhèanamh."

Ghabh i balgam searaidh.

"Uill. Thachair mar a bha iad ag iarraidh. A rèir am miann. Thàinig Horrocks a-mach às a' bhana. 'S esan gun tàinig. Tron an doras-deiridh. 'S theab e 'n dithis aca a mharbhadh."

"Eisd!" Rinn mi gaire. "*Horrocks?*"

"Horrocks."

"Tha sin . . . *Dè?* . . ."

"Faodaidh tusa bhith gàireachdainn. Ach 's e 'n fhìrinn a th' ann."

"Cò chunnaic seo?"

"Bha Criosaidh anns a' bhana còmh' ris."

"Criosaidh *Hearach?*"

"Thuirt i nach fhac' i a leithid a-riamh. Cho luath 's a gheibheadh poileas gu chasan, bha Horrocks ga leagail a-rithist. 'S gun fhios ciamar a bha e ga dhèanamh. Cha b'ann gam bualadh le dhùirn a bha e idir. 'S gun e 'g ràdh smid riutha. Mu dheireadh, dh'fhuirich an dà phoileas shìos, gun charachadh. Bha cho math dhaibh. Bhruidhinn Horrocks riutha an uair sin. Thuirt e riutha nan cuireadh iad dragh airesan a-rithist, a chaoidh, son adhbhar sam bith, gu marbhadh e iad. Sin uireas a thubhairt e. Lean e am panda car, leis a' bhana, a-mach gu ceann rathad Cheòis. Sin do charaid beag Horrocks dhut. Goraidh, mar a th' agad fhèin air. An caomh leat peas a-mach às a' chanastair?"

Bha na sùilean aice a' danns'.

" 'S caomh. Ach dè," dh'fhaighnich mi 'n uair sin, gun smaoineachadh, "a bha Criosaidh *Hearach* a' deanamh anns a' bhana?"

Leig Iseabail lachan mòr gàire.

"Fhalbh 's fònaig do bhean," thuirt i. "Innis dhi mar a thachair, 's far a bheil thu."

Chaidh i a-mach dhan a' chidsin. Lean mi a-mach i. Bha mi smaoineachadh air Horrocks.

"Dè tha gu bhith againn?"

"Chops is buntàta."

"Faod mi 'm buntàt' a rùsgadh dhut?"

"Gabh a-steach far an robh thu, 's leugh am pàipear-naidheachd. 'G iarraidh do dhubh no do dhath fhaicinn gu 'm bi e air a' bhòrd . . ."

. . . Na mo shuidhe air oir an t-sèithir a-rithist, an tac an teine, a' faireachdainn an uisge-beath' a' dol sìos, a' blàthachadh mo chorp is m' anam. Cà'il am pòcar? 'S e gual a tha i losgadh. Ma, chunna mi cruach-mhònach aig ceann an taigh, cearcan a' sgròbadh 's a' deanamh somagan na beul. Ach taigh cho mòr ri seo, tha mi creids, anns a' gheamhradh, gu feum i bhith losgadh an dà chuid . . .

Aodann pluiceach a' Chaiaphais Shasannaich air a' chiad dhuilleag dhen a' phàipear-naidheachd. Runcie. 'S ann aig port-adhair Heathrow a tha e. Duine mòr, feusagach còmh' ris, a' sàthadh troilidh. Agus air an duilleag seo, iadsan a tha uasal, no beartach, no ainmeil, no na trì còmhladh, agus an clann, agus na sgalagan 's na tràillean a tha daonnan a' suathadh riutha, gan cluich 's gan spòrs fhèin air monadh liath nach buin dhaibh. Air duilleag eile, ighneag le cìochan ris a' ghaoith a tha dèidheil air Bach, Bob Dylan agus ball-coise (agus air iomadach ball eile, faodaidh tu bhith mionnaichte). Cha robh pàipear-naidheachd a' tighinn dhan a' bhaile againne nuair a bha mise beag ach am pàipear sa, 's bhiodh a h-uile taigh anns a' bhaile ga fhaighinn ach taigh Thormoid Ruaidh. An t-adhbhar nach biodh taigh Thormoid Ruaidh ga fhaighinn, 's e nach b'urrainn dha duine bha 'm broinn an taigh a leughadh. Bhiodh e a' tighinn a-nall a Steòrnabhagh a h-uile oidhche, air bus na stiomair. Aig naoi uairean a dh'oidhche; 's bha e latha air dheireadh. Bhiodh am bus ga fhàgail ann am bucas fiodh, le còmhlaichean felt, aig ceann an rathaid ùir. Bha 'm bucas dìreach mòr gu leòr son an roile chruinn phàipearan a ghabhail. Bhiodh *Gasait Steòrnabhaigh* a' tighinn a-nall cuideachd, a h-uile Dihaoine, air bus na h-uair. Ann am parsail ceithir-cheàrnach a bha esan, ceangailte le sreang, ach fosgailt aig gach ceann, 's nam biodh dàrna leth a' *Ghasait* bog fliuch nuair a bha thu ga leughadh, bhiodh fios agad dè 'n ceann dheth a bha steigeadh a-mach às a' bhucas. Cha robh fiach do thòin a thachais anns a' *Ghasait* uair sam bith, chan eil gus an latha 'n-diugh; chan e 'm piseach as fheàrr a thàinig air a' phàipear-naidheachd seo a bharrachd. An-diugh, chan eil a' bhreug fhèin tlachdmhor ann.

Tha mo ghlainne falamh. Searrag eile air a tràghadh, tè bheag eile sìos chun an adha. Dh'òl mi i gun fhiosd dhomh. Cha thabhaich i 'n còrr orm. Càil air an t-saoghal nas mios' na glainne fhalamh. 'S botal mòr uisge-beath' ann an sin, air an treidhe, air a' bhòrd, ga mo stèirigeadh eadar an dà shùil. Dè ged a bheirinn balgam às? Cò bha dol a dh'aithneachadh?

B'fheàrr dhomh gun. Tha deoch làidir air a toirmeasg dhomh bho chaidh mi air na gràineanan ùr.

Dè tha i dèanamh anns a' chidsin? 'G obair aig an t-sinc, an ann?

Siuthad! Greas ort!

'Othail mhòr air Mac 'Ain Duibh.
Bho fhuair e ruith nan sgoilearan . . .

Uuugh-ug! . . . Pah! . . .

Dia ga mo shàbhaladh!

Cuir an ceann air ais dhan a' bhotal. 'S balgam bùirn a-mach às a' mhuga. Mo sgòrnan na theine . . .

Seo a-nis!

Pheee-ow!

Chan aithnich i càil . . .

. . . Uair a bha mise glè mhiannach air an uisge-bheath', cha robh mòran a dheadh gu tòin a' bhotail maille rium. Ach cha bu chaomh leis an uisge-beath' mise. Trì turais chuir e dhan ospadal mi. Cha robh còir agam am balgam ud òl. Beirm ag èirigh na mo cheann. 'S dè fèum a th' ann an aon ghlainne dhomhsa? Ma bhlaiseas mi idir oirr', feumaidh mi cumail orm . . .

Ospadal Dhiùc St., an Glaschu. Far an robh ainmeannan nan lighichean-inntinn air bòrd air a' bhalla. Agus bha ainmeannan ann an sin! Dr. Suter. Dr. Fleischmann. Dr. Robinson-Browne. Ach 's e an doctair a fhuair mise Dr. Maloney. Eireannach. Duine beag biorach le maise-mhullaich, 's sròin mar sgian-càise. Dh'ith e peansail purpaidh nam fhianais. Bha sèithear aige, air 'seevil', a chuireadh car. Bhiodh e a' cur nan caran ann fhad 's a bha e bruidhinn rium. Thuirt e rium, ma bha mi 'g iarraidh sgur a dh'òl, gum bu chòir dhomh a dhol a theagaisg a Shaudi-Arabia. Thuirt mi ris gur e an t-Uilleam M. MacLeòid a sgrìobh an leabhar sin anns a' cheas air a chùlaibh mo bhràthair. Bha e na bu mhodhail rium an dèidh sin. Cha robh mòran.

Carson nach òlainn tè, co-dhiù? Dè 'n diofar a-nis?

'. . . Bho fhuair e ruith na gràisge . . .'

'N ann a' dol a dhèanamh cron orm a tha i? Cron air mo shlàinte?

Ospadal Dhiùc St. Air mo theanga a bhìdeadh, mo chom air falbh, thàinig nighean òg, àlainn, le glòir-na-faoilte mu ceann, a dhèanamh cobhair orm. *Chan eil eagal dhut*, thuirt i rium. *Chan eil eagal dhut, a Mhurchaidh* . . . Agus nigh agus ghlan i mi.

Feasgar fallasach eile, a' ghrian a' deàlradh tro uinneagan a' ward, 's mi na mo laighe air bobhstair cruaidh, fo siot thana, tinn, lag, air chrith, othail na mo ghobhal ach an còrr dhiom a' bàsachadh, cò a nochd aig doras ceann shìos a' ward ach an t-urramach mo bhràthair. Air a thighinn sìos à Peairt air trèana. Eu-coltach ris a' chuid mhòr de dhaoine a bhiodh a' tadhal oirnn, drungairean bochd gun chothrom ac' air, rinn an t-urramach tòrr fuaim is toirealaich air a shlighe suas a' ward; dà nurs Ghàidhealach, a bhuineadh dhan Eaglais Shaor, ag itealaich na shàil. Stad e a bhruidhinn ri poitear no dhà aig an robh an comas labhairt fhathast air fhàgail, agus chuala mi fear dhiubh ag èigheachd 'Athair' air. Thugamsa bha leabhar aige, chan eil cuimhn' agam an-diugh dè leabhar a bh' ann, agus poca phlums le ainm bùth aig St. George's Cross air a' phoc. Shuidh e aig bonn mo leap, 's thòisich e ag ith nam plums, a' cur nan clachan a-mach a phàipear Kleenex a bh' aige na làmh; agus fhad 's a bha e ag ith, 's a' dumpadaich, 's a' tilgeadh clachan plums a-mach às a bheul, dh'innis e stòraidh ghoirid dhomh, a thogadh mo chridhe.

"Uaireigin," ars esan, "air a' Ghàidhealtachd, bha seann mhinistear a bhiodh ag òl gun fhiosd, leis fhèin – gus mu dheireadh gun d'fhuair an deoch làmh-an-uachdair air. Air oidhche Bliadhn' Uir, lìon e cupan mòr a' chomanaichidh, a bha e air a thoirt a-mach às an eaglais, le uisge-beath' gu bhàrr, 's thog e 'n cupan suas na dhà làimh. *Chaill mi*, ars esan, *mo mhaoin air do losd. Chaill mi mo chliù air do losd. Tha mi nise a' dol a chall m' anam air do losd. Ach 's toigh leam thu* . . . Agus thraogh e an cupan. Agus bhàsaich e."

"Cò chunnaic seo?"

" 'N ann a' bruidhinn riut fhèin a tha thu?"

Tha i anns an doras. A h-aodann a' deàrrsadh le teas an Rayburn.

"Dè bha thu 'g ràdh riut fhèin, ma-tha?"

" 'S ioma rud sin."

"Cha bhi e fada a-nis, thàinig mi a dh'innse dhut."

Fuaim ròstaidh air a cùlaibh. Chops ls uinneanan.

" 'Eil album dhealbhan agad, Iseabail? Leabhar dhealbhan?"

"Album dhealbhan? Tha 's trì!"

"Faod mi sùil . . . ?"

". . . 's bucas bhròg, a' cur a-mach air a bhus, shuas anns an lobht . . ."

Tha i a' rumastaireachd am bonn dreasair. Cnocan snàth a' rolaigeadh a-mach às, chun an làir. Tha i a' tilgeadh a' chnocain air ais dhan a' bhonn, 's a' tighinn a-nall thugam le biast de leabhar.

"Cha chreid mi nach ann anns an fhear sa a tha dealbhan sgoil Steòrnabhaigh . . . Stad ort . . ."

Tha i càradh an leabhair nam uchd. Na seasamh an uair sin aig cùl mo shèithir, le gàirdean a' tighinn tarsainn air mo ghualainn, tha i tòiseachadh a' tionndadh duilleagan cruaidh an leabhair, aon an dèidh aon, 's am pàipear-rus tana tha eatarra. Tha fionnadh mìn, dubh air cùl a gàirdein, tha a h-anail blàth air mo lethcheann, 's fàileadh an t-scent aice na mo shròin. 'N dùil am bi i a' sèibhigeadh fo h-achlaisean? Tha mi 'n dòchas nach bi. Tha a corrag a' stad aig dealbh, 's tha i tòiseachadh a' gàireachdainn.

"Cò tha sin? 'Eil thu ag aithneachadh na tè sin?"

Nighean bheag air latha carnabhail, le ad shràbhach 's aodann dubh.

" 'S tu th' ann, an tu?

Gus a lùths a chall. Tha i a' suathadh a sùilean, 's a' suidhe air gàirdean mo shèithir, ga mo bhruthadh a-null. Glùin chruinn ann an naidhlean aig oir mo fhradhairc, sliasaidean a' suathadh ri chèile le fuaim mar sioda fon an sgiorta dhubh. Bris, bris, mo chridhe truagh . . . bris, 's tu dh'fhaodas. Son nach robh thu brist' mu thràth . . .

"Dè tha sin air d' aodann?"

"Nach eil sùich! Agus nugget!"

Tha i a' leum gu casan, 's a' ruith a-mach às an rum. Prais a' dol thairis air an stòbha.

. . . Son nach robh thu brist' gun a seo. Son nach robh thu brist' o chionn fhada . . .

Tha i ag èigheachd, bhon a' chidsin:

"Cum ort, 's thig thu gu dealbhan na sgoil. Aithnichidh tu gu leòr sheann-eòlaich anntasan."

"Ceart . . ."

Bha gaol agam oirr': bha fios agam gu robh. Ma bha am faireachdainn seo fìor. Son a' chiad uair na mo bheatha, bha gaol agam air aon neach eile anns an t-saoghal. Dh'fhairich mi mo shùilean a' priobadh le deòir; cha mhòr gum b'urrainn dhomh anail a tharraing . . . O, ma bha e fìor . . . Agus mura robh . . . agus mura robh ann ach àrd-mhiann mo chridhe . . . gidheadh, bha mi toilichte. Bha mi toilichte. Bha seo, agus an uair seo, agam. Agus dhèanadh sin fhèin a' chùis.

". . . a' poidsigeadh bhradan còmh' ri balaich Bhail' Ailein ..."

"O?"

". . . tha i fhèin a' saoilsinn an t-saoghail dheth . . ."

"Ah!"

. . . Seo a' chòisir: còisir Sgoil MhicNeacail. Còisir nan clann-nighean, fo stiùireadh Anna Sheumais. Sin nighean Dhoilidh, a Tàbost, leis an fhalt fhada; bha i math air seinn. 'S Catrìon' Ina, a ruith a dh'Ameireagaidh le duine dubh.

Tha an dàrna cat – am fear gorm – a' fosgladh a shùilean, a' leigeil miaran 's a' leum sìos bhon an t-sòfa anns an aon ghluasad, 's a' falbh a-mach seachad orm air casan beaga steigeach, le earball anns an adhar, mar beathach a bhiodh duineigin air a rothaigeadh. Aig doras a' chidsin, tha e a' dèanamh miamhla àrd, a' cur fàilte air an tè tha staigh an sin roimhe. Tha mi ga cluinntinn a' bruidhinn ris.

'S iongantach mura bi i a' tighinn dhachaigh aig tìde-diathad, 's a' cur an teine air . . .

Cha do charaich an cat eile bho thàinig mi a-steach. Cho cruinn ri put air mo chùlaibh, anns an t-sèithear a tha e a' dleasadh dha fhèin. Chan fhaic mi ach an druim aige.

"Trobhad. Tha e air a' bhòrd."

" 'Eil am beathach seo beò no marbh, am b'urrainn dhut innse dhomh?"

Tha i a' leigeil lachan gàire, 's a' tighinn a steach.

"Cò? Giobaidh?"

" 'N e sin an t-ainm a th' air?"

" 'S e, sin an t-ainm a th' air." Tha i dol os cionn a' chnap anns an t-sèithear, 's a' tòiseachadh a' bruidhinn ris mar gum b'e leanabh beag a bh' ann. "Dè tha 'n duine grànda ag ràdh mu do dheidhinn-s'? Nach eil fhios aige gu robh thusa a-muigh fad na h-oidhche raoir, a' sabaid ri cat Thorcuil? Cò theab a' chluais a chall? . . . Trobhad!" thuirt i riums' an uair sin na guth nàdurrach. "Mus fhàs e fuar . . ."

Nuair a sheas mi, thàinig luairean orm; ach cha do shaoil mi fiach dheth. Anns a' chidson, air bòrd gorm formica, bha dà thruinnsear air an seatadh. Bha asaid bhuntàta am meadhan a' bhùird, agus soitheach pyrex leis na peasaran a thàinig a-mach às a' chanastair. Bha 'n cat a bh' air uinneag an ruma a-nis air uinneag a' chidsin, na laighe air sòlla na h-uinneig, le dhruim ri na daoine 's a shròin ris an fheasgar. Bha ghrian a' dol sìos air taobh siar eilean Leòdhais. Cò bu shòlasaich na Murchadh? Nuair a dh'fhairich mi a' chuairt a' tighinn orm, sheas mi gu faiceallach, son nach cuirinn cùis eagail oirr', agus ghabh mi grèim air oir a' bhùird. Son diog, son sìorraidheachd, tro bùrn mo chinn, mus do thòisich mi ri tuiteam, chunnaic mi, reòtht' air truinnsear le pàtaran craobhach, na trì cnàimhean chops a bha mi air a spiulladh, am bloigh buntàt', le làrach a' chromain ann, nach b'urrainn dhomh ith, an lòn grèibhidh ri thaobh, air geal-chruadhachadh aig na h-oirean, anns an robh mi a' sopadh pìos arain. Cuan eile a' sluaisreadh na mo chluasan: chuir i a gàirdean timcheall orm. *Air an làr*, thuirt mi rithe. *Cuir*

nam shìneadh air an làr mi. Seo àireamh fòn an doctair agam ...
Ach bha eagal oirre, eagal mòr anns na sùilean aice, a' coimhead
sìos rium; agus an àite àireamh na fòn a' thoirt dhi, 's ann a thuirt
mi rithe gu robh mi a' faireachdainn glè mhath, agus gum bithinn
ceart gu leòr ann am mionaid no dhà. Thuirt mi rithe gun chòrd
mo theatha rium, agus gum biodh cuimhne agam air an fheasgar
seo, agus air cho dòigheil 's a bha sinn còmhladh. Thuirt mi rudan
eile rithe . . . tòrr rudan . . . ann an guth socair . . . son nach
biodh eagal oirre . . . ach bha mo bheul a' lìonadh le blas searbh
man meug, 's an riapa-steallag air an robh mi a' dol na bu luaithe
's na bu luaith; agus mar sin, ged a bha mi a' dèanamh mo dhìcheall,
's a' feuchainn cho cruaidh 's a b'urrainn dhomh, cha d'fhuair mi
air cantainn rithe na bha mi a' lùigeachdainn a chantainn . . .

Anns an ospadal, chaidh innse dhomh gu feumainn an sgoil
fhàgail; ach bha fios agam air a sin mu thràth. Thuirt an doctair
òg a chunnaic mi: *Bha gu leòr agadsa ri ràdh air do shon fhèin,
an oidhche a thug iad a-steach thu. Leugh thu leabhar no dhà, cha
chreid mi* . . . ? Nuair a dh'fhaighnich mi dha dè 'n ùine a bh' agam
air fhàgail, sheall e rium son dhà no thrì dhiogan gun freagairt;
an uair sin, air inntinn a dhèanamh an àirde, thuirt e, *Dà mhìos?
Sia seachdainean? O*, thuirt mi. *An e sin uireas?*

Chum iad a-staigh mi seachdain. Bha rùm agam dhomh fhìn.
An ceann dà latha, bha mi air mo chasan a-rithist, agus leis a' ghùn-
leapa dearg, na pyjamas shrianach agus na sliopars Paw Broon, a'
cuachail sìos is suas anns a' chorridor, 's a-mach 's a-steach as a'
ward a b'fhaisg orm. Ann an sin, fad an latha, tro gach atharrachadh
solais is aimsir, bha seann dhuine air a chàradh ann an leabaidh
iarainn le cliathaichean àrd oirr', am measg chluasagan, air siot rubair
le fàileadh goirt ag èirigh dhith. A bheul, toll dubh gun dheud, fosgailte,
le ruill às. Air sliog thana a' chinn, fon a' chraiceann, snàileanan
gorm de chuislean ag èaladh an siud 's an seo. Mu amhaich, aig
àm na diathad, bhathas a' ceangail searbhadair; mu mhàs, aig àm
dol a chadal, le prìne banaltraim ga cumail na h-àit', searbhadadair
eile. Ag amharc air aon uabhas nach bi romham anns an t-slighe.
Nach grànda an aois! Na smaoinich e riamh, an dùil, an seann amadan
cac, ann an làithean geal na h-òige, gur ann mar seo a dh'èireadh
dha? An tàinig e aon uair a-steach air, an dùil, nuair a bha e suigeartach
anns an ruidhle, aoibhneach mu bhòrd na dibhe, gur ann gun a

seo a thigeadh e? No a bheil e a' saoilsinn nach eil càil air atharrachadh na bheatha, 's gu robh e a-riamh mar a tha e an-diugh?

Seachdain a chum iad a-staigh mi; bha sin fhèin fada gu leòr. Thàinig daoine a shealltainn orm; cha robh dùil agam gun tigeadh uiread. Thàinig feadhainn às an sgìre agam fhìn, nach robh mi air fhaicinn bho chan eil fhios cuin, nuair a chuala iad mar a bha mi 's far an robh mi. Thàinig Iseabail, thàinig Criosaidh Hearach, thàinig an nighean à Steòrnabhagh a bha a' teagaisg ceòl. Oidhch' eile, leis fhèin, thàinig Horrocks. Bha e air an fheusag a thoirt dheth, an stais fhàgail air; 's shaoileadh tu, a' coimhead ris, gu robh starrag aige na bheul. Thàinig Billy, am meacanaig a bha fuireachd an ath-dhoras dhomh, thàinig, le aghaidh bhrònach 's botal mòr Lucozade, Marybell, aig an robh mi na mo loidsear uaircigin a-muigh ann am Manor Park. Fiù 's am maighstir-sgoile nach do nochd oidhch', aig an àm cheàrr, a cheann an toiseach, timcheall ursainn an dorais, a làmh a-rithist, le parsail innte thugam bhon a' chlann-sgoile gu lèir, an còrr dhe chorp an dèidh sin, agus mu dheireadh a bhean, tè bheag ruadh, le sùilean cruinn uaine, a sheas aig ceann na leap a' coimhead rium mar gum biodh i feuchainn ris a h-uile loidhne a bha nam aghaidh a chunntadh 's a chumail na cuimhne. Agus an oidhche mu dheireadh a bha mi ann, thàinig Coinneach, air an robh am bla'laoighean agam mar ainm. Cha do shuidh 's cha do dh'fhuirich e fada, cha robh càil às ùr, no càil ùr, aige ri ràdh; ach nuair a dh'fhalbh e, dh'fhairich mi duilich às a dhèidh, agus cianail, agus bha mi a' miannachadh gun tilleadh e; agus ghabh mi aithreachas son na chaith 's na chuir mi seachad de thìde a' deanamh cùis-fhanaid is cùis-mhagaidh dheth.

4. THAINIG na teachdairean a-raoir, gun dùil agam riutha. Dà dhuine le adan glas is còtaichean. Bha fàileadh an uisg bho chòta an dàrna fear, agus air smiogaid an fhir eile bha pìos pàipear-naidheachd steigte, far na gheàrr e e fhèin a' sèibhigeadh. Cha do dh'fhaighnich mi dhaibh dè fàth an turais, bha fios agam air, agus cha do bhruidhinn iadsan riumsa na bu mhotha, cha leigeadh iad a leas. Rinn iad làraich le poll an casan air làr an ruma, aig an doras, anns an dol a-mach dhaibh, agus bha an aon ghàire critheanach – mar gàire a dh'fheuchadh duine ri dhèanamh an dèidh sgal chruaidh fhaighinn – air aodainn an dithis fhad 's a bha iad a' dèanamh seo. Gun dùil riutha, thàinig iad, gun smid bhuapa, dh'fhalbh iad; ach tha 'n cuan a bha, ga ruige seo, a' sluaisreadh na mo chluasan a-nis air tionndadh. Slaodach, cho slaodach 's nach saoil mi fhathast gu bheil gluasad idir air, tha e tòiseachadh a' dol a-mach.

An-diugh, madainn àlainn; tron an talamh, dubh, air a thionndadh an siud 's an seo, tha na barran beag uaine a' tighinn an àirde. Latha ciùin earraich, nas coltaiche ri latha samhraidh. Am pàipear-naidheachd, gun fhosgladh, na laighe air bòrd a' chidsin, fo mo làimh. 'S ann air latha mar seo a thiodhlaic sinn Màiri Thormold, bean Mhurchaidh Chaluim; tha cuimhn' a'm cho duilich 's a bha e dhomh a chreidsinn, air a leithid a latha, gu robh a leithid a rud a' gabhail àit', gu robh tè air an robh mi èolach fad mo bheatha marbh, gun faireachdainn, am broinn bucais, a' dol a tholl domhainn, dèante anns an talamh, 's daoine eile, beò, le spaidean a bha gleansadh anns a' ghrian, a' tilgeadh cnapan ùr-gainmhich air a muin. Sin an latha a dh'fhaighnich Dòmhnall Ruadh dhomh, 's e 'g amharc mun cuairt: *'Eil thu fhèin an dràsd a' creidsinn, a mhic Dhòmhnaill Mhurchaidh, gun èirich na tha nan laighe an seo latheigin?* Chan eil, fhreagair mi – mo ghuth caiseach, cinnteach – 's choisich Dòmhnall Ruadh romham, a' crathadh a chinn, 's cha do dh'fhaighnich e 'n còrr dhomh . . .

Aig uinneag a' chidsin, mo dhà ghàirdean air a' bhòrd, am pàipear-naidheachd, gun fhosgladh, fo mo làimh, tha mi cuimhneachadh air a sin, 's air Màiri Mhurchaidh Chaluim, a bha cho gasd rinn na ar balaich, 's air m' athair 's mo mhàthair, 's air a liuthad duine eile a bh' anns a' bhail' againn a dh'fhalbh 's nach till. Leam fhìn ann an seo fad an latha (ach gum bi bean-eiridinn Bheurla a' tighinn a-steach corra fheasgar, a thoirt sùil orm), tha mi a' cur seachad mòran dhe m' thìde ann an cuideachd nam marbh, tha mi gam fhaighinn fhìn, tric, nan còmhradh, agus tha iad nas fhaisg orm an-diugh, anns an t-saoghal shàmhach, uaignidh anns a bheil iad, na bha iad a-riamh orm nam beatha. Aig amannan mar sin, 's am bàs a' teannachadh cho dlùth rium fhìn, shaoileadh tu gum biodh mo smuaintean cho àrd ris an adhar, cho farsaing ris a' chuan, na thàmh an-diugh, geal mar airgead, le eathraichean beaga air am peantadh air, a-muigh aig iomall an t-saoghail . . . Ach chan eil. 'S fheàrr leamsa, nam inntinn, a bhith gabhail cuairt a-mach an abhainn, ag iasgach, leis a' chiad bunag slait a bh' agam a-riamh, gach cùil is gluma eadar bun feadan Fhraisgearo agus àirigh Choinnich a' Bhàird; neo steach an lot, a' tòiseachadh aig cùl nan taighean 's a' gabhail romham gu ruig mi Slag na Sgeit, a' cuimhneachadh air na h-alnineannan (an Fhèithe Ghlais, Buaile na Crois, Cnuic Odhail) 's far an robh clachan na crìch air an càradh eadar an lot againn 's lot Sheumais Ailein, mus deach feans a chur ann. Air tulach Slag na Sgeit, a' leigeil mo sgìths, thòisich mi feuchainn ri cuimhneachadh air a h-uile boireannach a thàinig a riamh na mo lùib; cuine 's càite, dè cho fada 's a dh'fhuirich iad, 's carson a dh'fhalbh iad. Chuir seo dàil mhòr orm, 's cha deacha mi, an latha sin, na b'fhaide na sin fhèin, na mo laighe anns an fheur, air m' uileann. An dà fheum gu na chuir mi mo làmh cheàrr: piocladh mo shròin, 's foragladh an gobhail bhoireannach . . . Ach man as tric, cumaidh mi orm gu bàrr a' chladaich, 's an uair sin gu bàrr na tràghad; a' tilleadh aig ceann lot 'Ain Mhòir 's a' dol air ais an taobh a thàinig mi, suas gu Geodha a' Ghàrraidh 's Isgebrith, a-mach cùl na h-Airde, gu Dìobadal; 's an uair sin, ma tha m' àilgheas ann, a' ruighinn cho fada suas ri Tobha Ghabhsainn, a' cur ainm air gach cladhan is cladach, piurra, palla 's leac, sròin, geodha, sgeir is caolas, a th' agam ann an sin, air mo shlighe. Cha bhi mi dol chun a' chreagaich uair sam bith nam inntinn; cha b' e fear chreagach a bh' annam a-riamh. Uaireannan eile, an àite tilleadh aig bàrr na tràghad, bidh mi a' cromadh sìos dhan an tràigh, 's a' coiseachd a-null air a' ghainmhich (aiseal làraidh Sheoc fhathast a' meirgeadh anns an aon àit', aig bonn nan laibheanan) gu bun na h-aibhne. Tha fios agam air àite aig ceann shìos gluma na tràghad far am faigh mi tarsainn air an abhainn gun mo chasan a fhliuchadh, tha mi dìreadh a sin, a' gearradh suas bealach nam Pàircean, 's a-null am mullach gu Dùn Airnistean, ann an cuideachd Ailig Mhurchaidh 'Ic Fhearchair, duine caol a bhàsaich o chionn deich thar fhichead bliadhna. Tha 'n tac ann an seo làn rabaidean. *'Ille nàbaidh, nach bochd nach robh 'n gunna againn*, tha Ailig ag ràdh rium. Chan eil mi cho fiosrach air na h-ainmeannan air an taobh sa dhen abhainn, ach tha fios agam far a bheil Geodha 'Ille Raghnaill. 'S tha e còrdadh rium a bhith ann. *Tha uaigh Alasdair MhicCrùislig an Airnistean, nach eil, Ailig? Famhair a bh' ann. Nach biodh e math nan èireadh!* tha mi 'g ràdh an uair sin, gun anail a tharraing, ri Dòmhnall Ruadh, a chuir a' cheist orm anns a' chladh. Duine caol eile a tha fhathast beò 's a' spàgail air leth sear a' bhaile. *Smaoinich am monbar a bhiodh ann! A liuthad trod a thòisicheadh, mus sealladh tu riut fhèin! Sin am freagairt a bha còir agam a thoirt dhut an latha ud, an àit' an rud a thubhairt mi* . . . Ach bidh Dòmhnall Ruadh a-nis a' coiseachd romhamsa gu bràth, a' crathadh a chinn, 's chan eil càil a dh'fhaodainn-s' a ràdh a bheireadh air tionndadh no tilleadh . . .

Latha earraich a-muigh, nas coltaich ri latha samhraidh. Chan fhaod mi nise dhol ann. Ach cha do thrèig mo mhisneachd mi, no mo dhòchas, ged a tha na droch làithean air a thighinn, is tanaisg, le teanga ealant', a' sainnsearachd rium bho gach còrnair . . .

5. THUIRT mo bhean, 's i air a thighinn suas an staidhre le cupan cofaidh thugam:

"Tha do bhràthair Dòmhnall anns an eilean. Thàinig e 'n-diugh, air itealan na madainn. E fhèin 's an teaghlach."

"Cò dh'innis sin dhuts'?"

"Cairstìona a bhean. Nach do dh'fhònaig i mi aig m' obair. Bhon a' phort-adhair."

"Con nach do dh'fhònaig i a seo fhèin?"

"Cha robh àireamh a' fòn againn aic'. 'S ann ga iarraidh orm a bha i. Ach thuirt mi rithe gun dragh a chur ort."

"Dragh? Ormsa? . . . Dè 'n dragh?"

"Nam biodh tu fhathast anns an leabaidh . . . agad ri èirigh a fhreagairt a' fòn. Thuirt mi rithe –"

"Dè tha ga fhàgail anns an eilean mun àm s' a bhliadhna?

"Tha e air saor-làithean, thuirt i. Seachdain saor-làithean."

"Cha robh dùil a'm gum biodh ministear a' faighinn saor-làithean ann . . . Cà'il iad a' fuireachd?"

"Sin an rud! Sin a bha mi dol a dh'innse dhut! *Tha* thall anns an t-seann taigh!"

"Thall . . . ?"

"Uh-huh. Anns an t-seann dhachaigh! Smaoinich!"

"Uill, uill . . . Ach dè chuir a-null a sin e?"

"Nach e sin thuirt mi ri Cairstìona! Nach bi 'n taigh cho *fuar,* thuirt mi rithe. Con nach tig sibh a dh'fhuireachd còmh' rinn *fhìn?* Rumannan gu leòr! Ach tha duineigin . . . te-eigin . . . air a bhith cumail teineachan anns an taigh tha thall o chionn ceala-deug. Mrs Macleod?

"Agnes Angaidh. Uill, uill."

"Tha iad a' tighinn a-nall a shealltainn oirnn, thuirt i. Cairstìona. Tha na balaich còmhla riutha, an triùir as òige. Bha iad a' dol a sheasamh a-staigh agad air na t-slighe bhon a' phort-adhair, ach thuirt mi fhìn rithe –"

Stad i.

"Dè thuirt thu fhèin rithe?"

". . . gur mait . . .uill . . . nach biodh tu 'g iarraidh duine fhaicinn . . ."

"Con a thuirt thu sin?"

"Smaoinich mi . . . daoine a' cur dragh ort . . . chan eil fhios a'm . . . Ach tha iad a' tighinn a-nall a shealltainn oirnn!" thuirt i 'n uair sin, an guth aice a' dol luath, suigeartach a-rithist. "Tha iad a' tighinn gu an diathad! Diardaoin, thuirt mi rithe! Nì mi ròsd! Nach bi sin math!"

"Mìorbhaileach! Ith fhèin i."

"Dè tha thu ciallachadh?"

"Chan eil iad a' tighinn a-nall a seo idir."

"Ciamar? . . . O, ach *tha*! Thuirt *Cairstìona* –"

"Chan eil iad a' tighinn a-nall a seo idir. Innsidh mi dhut carson, ma dhùineas tu do chab dà dhiog."

"Carson, ma-ta?"

An aghaidh aice a' dol brònach, fada.

"Chan eil iad a' tighinn a-nall a seo . . ." dhùin mi mo shùilean ". . . son gu bheil mise a' dol a-null a *sin*."

Sàmhchantas. Sia, seachd, ochd . . .

"O! . . ." aon deug, dhà dheug, trì deug ". . . Ach ciamar ...?"

"Ah!"

". . . Chan eil thu . . . ciamar? . . . 's gun thu gu math ..."

" 'S mi bàsachadh, tha thu feuchainn ri ràdh. Siuthad – can e. Na biodh càil a dh'eagal agad ron an fhacal."

"Ciamar, ma-ta . . . ?"

" 'Eil fadachd ort gu 'm bàsaich mi? Gu 'm bi mi mach às an t-sealladh?"

"Sguir dheth."

"Bidh thu na do bhantrach. Nach bi *sin* math! Na do bhantrach òg, bheadarrach. Uill, chan eil thu cho òg ri sin, tha fios aig Dia, ach –"

Thàinig car dhan a' bheul aice, 's thòisich i ri gal. Leig mi dhi. Nuair a chuala mi i a' sèideadh a sròin, dh'fhosgail mi mo shùilean.

"Latheigin an t-seachdain s'," thuirt mi rithe, "an dèidh dhuts' falbh gu d' obair, tha mi dol a dh'èirigh 's a' dol a chur m' aodach ceart orm, mo dheise ghorm, mo chòta trom, m' ad; agus le mo bhata daraich na mo làimh, a' dol a choiseachd gu faiceallach sìos an staran, gu far am bi Billy an ath dhoras, meacanaig nam buadh, a' feitheamh rium leis a' chàr. Stornoway cove, 's caomh leam e, 's bidh dheagh thuarasdal aige son mis' a thoirt gu mo cheann-uidhe."

Sàmhchantas. Trì, ceithir, còig . . .

"Ach nach eil Billy ag *obair*?"

"Tha. Mhothaich thu dhan a sin, na mhothaich? Ach 's ann air a cheann fhèin. Ach còrdaidh e glè mhath ris spin a ghabhail a-null gu tuath, m' fhàgail-s' aig doras an taigh 's am feasgar a chur seachad an taigh-òsd' a choreigin, ag òl leann 's a' cluich pool is darts; gu 'm bi àm ann dha mise thoirt − bha mi dol a chantainn dhachaigh, ach canaidh mi air ais a seo. Air an t-slighe air ais, bidh blàthachadh beag smùid air, 's ma bhios mi garbh fortanach, 's mait gu seinn e amhran Country is Western dhomh a' dol a-null mòinteach Bharbhais. Agus sin mar tha mis' a' dol a shealltainn air Dòmhnall mo bhràthair 's a theaghlach."

Anns a' ghuth luath, shuigeartach, thuirt i:

"Cha leig Billy a leas do thoirt a-null."

"O?"

"Bheir mi fhìn a-null thu."

"Cha toir."

"Gabhaidh mi latha dheth."

"Cha ghabh."

"Bu chaomh leam."

Sàmhchantas.

"Ceart. Uill . . . 'eil thu 'g iarraidh briosgaid bheag no . . .?"

"Chan eil."

"Cluasag eile ri do dhruim? . . . 'N cuir mi 'n teilidh air dhut?"

"OK."

Tha i dèanamh a-null chun na teilidh.

"Dè 'n taobh? Tha *Nature Watch* air 2."

"Channel 4."

"Ceart. Uill . . . cheannaich mi iasg son na teatha. Adagan."

"Glè mhath."

"Ceart . . ."

Sgread, brag aig an doras. Clab-lab-lab sìos an staidhre. Mo bhean fhìn.

Dh'èirich mi, agus a' leigeil mo thac ris a' bhalla le aon làmh, chaidh mi null chun na teilidh, 's chuir mi dheth i.

Chaidh mi air ais dhan an leabaidh.

Nuair a thàinig mi mach às a' char, aig geat an taigh, bha Cairstìona anns an doras, a' feitheamh. Ruith i mach an staran na mo choinneamh. Bha an staran làn sgàineanan; a' chopag 's an deanntag a' tighinn tron an t-suimeant.

"Hallo, a Chairstìona."

"Murchadh!"

Chuir i a gàirdeanan timcheall orm, chrom mi sìos, agus thug i pòg dhomh.

"Murchadh!" thuirt i rithist.

" 'N aire mus leag thu mi."

Air mo chùlaibh, chuala mi 'n càr a' tionndadh. Billy ag ullachadh son falbh.

"Cò thug a-nall thu? Con nach eil e a' tighinn a-steach?"

"Chan e th' aige ri dhèanamh."

Shèid Billy a' chonacag dà uair anns an dealachadh. Bìob-bìob. Chì mi nochd fhathast thu. Seo gu na stòpan leanna.

"Uill," arsa Cairstìona, a' coimhead suas rium, 's grèim aic' air mo làmh cheàrr eadar a làmhan fhèin. " 'S mi tha toilicht' d'fhaicinn!"

"Can g'eil mi coimhead gu math 's bheir mi dhut am bata daraich seo mu mhullach a' chinn."

"Chan e na darach," ars' ise. "Tugainn a-steach."

"Cò tha staigh?"

"Duine ach sinn fhìn."

" 'N ann ag ràdh rium a tha thu nach eil fhios aig na diadhairean 's na leòcaidean fhathast g'eil esan anns an tìr?"

"Eisd! . . ."

" 'N e nach do nochd duine ac' fhathast le dusan ugh? Gigot? . . . Iongnadh mòr a th' ann an sin."

"Eisd! Tha fios ac' gur ann air na làithean-saor a tha e."

"Cuine chuir sin a riamh stad orra? Geall gur e bhios air ceann na coinneimh Latha na Sàbaid sa tighinn."

"Tha thusa mar a bha thu riamh, co-dhiù."

"Tha siud."

Romhainn anns a' chidsin, nan suidhe 's nan laighe am measg na h-àirneis, bha trì famhairean de mhic, naodh deug, seachd deug is còig deug; còrr is sia troighean anns gach fear, agus anns an fhear mheadhanach, Murchadh, air a bheil m' ainm fhìn (ainm a shinn-seanar – ainm Mhurchaidh Oig), sia troighean agus ceithir òirlich. Thug iad a bhith cho àrd 's a tha iad bhon dà thaobh. 'S e duine mòr, tapaidh a tha nan athair, 's a bh' anns na fireannaich an teaghlach mo mhàthar; 's ged nach eil meud idir ann an Cairstìona fhèin, tha dà bhràthair aice, fear na thuathanach 's fear na bheat (na h-uncails, mar a bh' aig mo phiuthar bheag, a dh'aithnicheadh iad ann an Glaschu, orra), a tha comasach, gach fear, air sgàirdeadh àrd-doras le mhaoil gun smaoineachadh mu dheidhinn. (. . . Seòrsa cloidsearan a chì thu air cùl cuibhle landrover, a' draibhigeadh le aon ghàirdean a-mach air an uinneag, 's cù-chaorach, le theanga slaodadh ris, na shuidhe anns an t-seata thoisich rin taobh . . . air am bi seann seacaidean clò, briogaisean corduroy le glùinean, brògan leathair a bhios a' toirt brag air cabhsair, agus na h-adan ris an canar fore-and-afts . . . a nochdadh aig geat mo thaigh ann an Cnoc Iòrdain, 's a thigeadh suas an staran, tro nach robh gin a chopag no dheanntag a' fàs, a' giùlain poca buntàta thugam anns gach làimh . . . 's air do bheatha bhuan na teirg còmhla riutha a-steach a thaigh-òsd far a bheil daoine, chan eil iad idir sàmhach le deoch . . .) Sheall balaich mo bhràthar rium gun smid a ràdh, 's chunna mi aodann an fhir bu shine, Calum Iain, a' tuiteam. "Dè do bheachd?" thuirt mi ris. "Am fònaig mi Oxfam? . . ." 's dh'fhalbh am pian a bh' anns na sùilean aige, sùilean coibhneil a mhàthar, 's rinn e gàire dòigheil.

'S e Beurla a tha iad a' bruidhinn; chan eil Gàidhlig aca. Ged tha Gàidhlig gu leòr aig gach pàrant – Gàidhlig Leòdhais aig Dòmhnall 's Gàidhlig Earra-Ghàidheal aig Cairstìona. Ach ma dh'fhaighnicheas tu dhaibh carson nach do chum iad Gàidhlig ris a' chlann, 's e a chanas iad riut nach b'urrainn sin dhaibh, ann am bailtean mòr na Galltachd, far nach robh iad a' cluinntinn ach Beurla bho moch gu dubh; 's dè feum, cuiridh iad ri sin, a th' ann an Gàidhlig dhaibh co-dhiù, anns an latha th' ann? – ceist dha nach eil iad ag iarraidh freagairt. Chan iad nan aonar a th' air an ràmh sin. Air feadh nan eileanan seo, tha daoine, le làn an cinn de Ghàidhlig, a tha gèilleadh cho mòr dha na Goill 's na coigrich nam measg 's nach iarr iad an cainnt fhèin a chleachdadh uair sam bith; cha bhruidhinn iad i fiù 's am broinn an taigh ris a' chlann, mus bi iad air dheireadh air càch. "Cha toir i seach an cidhe thu," canaidh iad. 'S tha a' Ghàidhlig lugha air an òigridh, tha mi fhìn air mothachadh dhan a sin, bho thàinig mi dhachaigh; chan eil suim no faireachdainn aca dhi. 'S tha luchd-brosnachaidh na Gàidhlig lugha air an òigridh, 's chan ann a-mhàin air an òigridh. Ri airgead tha 'n gnothaich-san; saidhbhreas is sannt. 'S chan eil Gàidhlig aig an òigridh ann, ach sgudal cearbach, lapach, truagh – èisd riutha a' bruidhinn air an rèidio man a h-eil thu ga mo chreidsinn. Air an uinneag trom bu chòir an solas a bhith deàlradh, tha 'n cùrtair air a tarraing teann; 's a-staigh anns an dubh-dhorch, guthan dearbh-fhiosrach a' toirt breith air leabhar nach do leugh iad, dealbh nach fhac' iad, ceòl nach cuala 's nach cluinn iad . . .

Shuidh mi còmhla riutha, balaich mo bhràthar. Lèintean t-shirts air an triùir. 'I'm young, free and single' air lèine an fhir a b'òige, Daibhidh. *Carson Daibhidh?* dh'fhaighnich an lighiche, a' coimhead ri bàrr òrdagan. *Ainm an t-salmadair,* ars an t-urramach, a' coimhead ris an lighiche. Cha duirt an lighiche smid son leth-mionaid, ach thòisich na cuinnleanan aige a' sèideadh 's a' breabail. *Faodaidh tu Solamh a thoirt air an ath fhear,* thuirt e 'n uair sin. *Solamh MacLeòid. Neo Sebede,* thuirt e. *Sebede a' Mhinisteir.*

" 'N e stais tha sin?" dh'fhaighnich mi dha Murchadh. "Am faileas sin air do liop àrd?"

"Bum fluff," arsa Daibhidh.

"A Dhaibhidh!" ars a mhàthair.

"Watch it!" arsa Murchadh, a' feuchainn a bhròg air.

"Ow!"

"Sguiribh dheth!" ars am màthair.

"Cò aca 's làidir?" dh'fhaighnich mi dha Calum Iain.

"No contest," arsa Murchadh, a' laighe sìos air a' bheing a-rithist.

"Con nach eil sibh a-muigh, an dithis agaibh?" dh'fhaighnich am màthair dhaibh. "Gabhaibh a-mach à seo gu tìde-diathad, an dithis agaibh."

"Cà 'n tèid sinn?"

"Far an togair sibh. A-mach as mo rathad-s'."

"Cuine tha 'n diathad?"

"Faigh mi pìos?"

Dh'fhalbh iad, a' brùthadh a chèile a-mach an doras.

"Cà'il esan?" dh'fhaighnich mi.

Chuir Calum Iain corrag suas gu mullach an taigh.

"Na *leabaidh*? Mun *tìde* s' a latha?"

"Chan ann na –" arsa Cairstìona. " 'N ann air a dhol bodhar a tha thu?"

"Uill, uill. Fhathast a' cluich a' mheileòidian?"

"Mas e cluich a th' agad air. Mi air mo bhòdhradh leis. Fhalbh suas," thuirt i ri Calum Iain, " 's can ris g'eil Murchadh a bhràthair an seo."

"Na caraich, a Chaluim Iain."

Sheas mi.

" 'N dèan thu chùis? Cha bhi 'n diathad . . . deich mionaidean."

"Cà'il mo bhata?"

"Seo. 'N tèid mi suas còmh' riut?"

"Bidh mi glè mhath. Fuirich far a bheil thu."

An taigh anns na rugadh 's na thogadh mi . . . neònach a bhith air ais ann. Chan eil coigreach tha tighinn dhan àit' nach eil a' faighneachd a phrìs, a' feuchainn ri cheannachd. Chan iongnadh sin dhaibh – bha fios aca dè bha iad a' dèanamh, na làmhan a thog an taigh sa. Ann an rùm m' athar 's mo mhàthar, tha na làraich shoilleir fhathast air pàipear a' bhalla far an robh an àirneis ris, 's na dealbhan, 's an truinnsear le *Prepare To Meet Thy God* a thug Anna Bheag Iain às a' Bhruaich gu mo sheanmhair. Cò thug leis dealbh mòr teaghlach m' athar? 'N e Uilleam? Cha robh duine 'g iarraidh sèithear mòr m' athar, tha e fhathast na àit' aig an teine, leis an t-slag anns a' chùl far am biodh am bodach a' cur a chinn. *Duine aca cho tàlantach ris an fhear mheadhanach*, bhiodh e 'g ràdh – ceàrr a-rithist. *Duine aca cho toinisgeil no cho tuigseach.* Bodach beag solt. *Tha mi leam fhìn a-nis*, chuala mi e 'g ràdh ri duineigin air a' fòn an deidh bàs mo mhàthar. *Bho chaill mi mo chaomh* . . . 'S e dhruim a bha rium. Càrdagan glas snàth air, a dh'fhigh na meòirean a bh' anns an uaigh. Air latha gruamach anns an Dàmhair, dorch aig ceithir uairean, am buntàta gun an togail, agus bhon an adhar uisg . . .

Bha 'n t-urramach, nuair a ràinig mi e, anns an rùm bheag aig bàrr na staidhre air an làmh chlì (an rùm, na bhalach, a chleachd a bhith aige dha fhèin); na shuidhe air sèithear cruaidh, le sliopars air a chasan, 's meileòidian mòr geal is dearg ceangailt' mu mheadhan 's tarsainn air a ghualainnean le strapaichean leathair is bucaill. Bha peitean dubh le druim faileasach air, 's lèine gun choilear, fosgailt' aig an amhaich, le stud chruinn anns an dàrna toll. Cha dèanainn a-mach dè 'm port a bha e feuchainn ri chluich, bha cus torghail air leis a' chearrag, ach bha an t-urramach fhèin a' leantainn a' chiùil farasda gu leòr, shaoileadh tu sin air co-dhiù, a cheann sìos gu aon taobh, a bheul fosgailt, a chluais dheas cha mhòr a' srucadh am mullach a' mheileòidian, 's brag aige le chas chèarr sìos is suas air làr an ruma. Sheas mi ag èisdeachd aig ceann na staidhre gu 'n deach e ceàrr. "Uill, uill," thuirt mi. "Cha do sguir thu riamh dheth."

"Shìorraidhean . . .!"

Sheas e. Thòisich am meileòidian a' bìogail leis fhèin, gun cuideachadh sam bith bhuaithe, cho luath 's a sheas e.

"Dè bha thu cluich an siud?"

"Na chòrd e riut?" ars an t-urramach. "Fonn a sgrìobh mi fhìn. Dè do bheachd air? Fuirich −"

Agus shuidh e a-rithist. Bha mi duilich gun dh'fhosgail mi mo bheul.

Leig e waag mhòr air a' mheileòidian, ga fhosgladh a-mach. "Cluichidh mi dhut e," ars esan. "Bhon an toiseach. Chan eil e buileach ceart fhathast."

Shuidh mi air an leabaidh − bha cho math dhomh. Con a dh'fhosgail mi mo bheul?

"Chan eil e fhathast ceart, cuimhnich." Leig e waag eile air a' mheileòidian, 's rinn am meileòidian fead thana, ga fhreagairt, mar coire a' tòiseachadh a' goil. "Cha mhòr nach eil e agam," ars esan. "Ach chan eil buileach. Tha àite no dhà fhathast . . ."

"Siuthad − cluich e."

"Ceithir pàirtean. Caismeachd. Chan eil an trìtheamh 's an ceathramh pàirt –"

"Sguir a mheabadaich 's cluich e. Dè 'n t-ainm a th'air?

"Chan eil ainm *air*, fhathast. Chan eil e deiseil, mar sin, fhathast, cuimhnich. Uill. Cluichidh mi dhut e, a rèisd."

Thòisich e. Cha b'urrainn dha còmhlan-aona-dhuine, le druma 's tiompain, a bhith air barrachd fuaim a dhèanamh. H-uile h-uair a dheigheadh e ceàrr, bha e togail a chinn 's a' coimhead sìos ris a' mheileòidian, mar gum b'e am meileòidian bu choireach. Stad e. Bha 'n aghaidh aige dearg. "Chan eil e buileach ceart fhathast," thuirt e. "Tha àite no dhà . . . Ach bheir siud beachd dhut. Chaidh mi ceàrr uair no dhà cuideachd, na mhothaich thu?"

"Mhothaich."

"Uill. Dè do bhcachd?"

"Tha ainm agam dha."

Shuidh e 'n àirde. Leig am meileòidian fead ìosal.

"Dè 'n t-ainm?"

"The Desperate Battle of the Tin Buckets."

Chaidh na moilean aige gu chèile, 's thàinig an gèillean aige a-mach man gèillean an lighiche a' coimhead *Songs of Praise* air an teilidh. 'N uair sin – taing do Dhia – thòisich e ri gàireachdainn. Chaidh a' ghàireachdainn gu lachanaich – chuir e cheann air ais, 's a dhà chròg air a ghlùinean. Thug am fuaim Cairstìona gu bonn na staidhre 's an uair sin gu doras an ruma.

"Dè tha ceàrr air?" dh'fhaighnich i dhomh.

"Càil a dh'fhios a'm."

"Cluinnibh!" arsa Cairstìona, a' suidhe ri mo thaobh air an leabaidh, 's a' crathadh a cinn. "Cluinnibh air an amadan!"

"Thuirt e . . ." Rinn an t-urramach cuibhle le làmh, a' feuchainn ri innse dhi. 'N uair sin, fhathast a' dèanamh na cuibhle, thòisich e crathadh a làmh mar duine a' feuchainn ri inc fhaighinn a-mach à peana.

"Seadh? Dè thubhairt e?"

"Thuirt e . . ."

Thilg e cheann air ais a-rithist, 's leig e na lachan gu mullach an taigh.

"Ta," arsa Cairstìona, ag èirigh, " 's ann tha ghlaoic ann mise, tha suidhe an seo ag èisdeachd ribh . . ."

Leig an t-urramach èighe mar pian.

"Cuimhnich," thuirt i riums' aig an doras, le crith na guth, 's i feuchainn gun sealltainn ris, "g'eil an diathad gu bhith air a' bhòrd..."

Nuair a bha an t-urramach seachd no ochd bliadhna a dh'aois, tha coltach gun duirt seann bhodach diadhaidh anns a' bhail' againn ri m' athair gur e ministear a bha gu bhith anns a' bhalach seo latheigin, ged nach fhaiceadh esan le shuìlean e; agus gun duirt m' athair (duine beag solt) ris a' bhodach, ga fhreagairt, gur mait gu robh sin ceart, cò aige bha fios, gur mait nach robh latha nam mìorbhailean mòr fhathast seachad, ach a' bruidhinn air a shon fhèin, gun mearachd na sgeul, gu robh e faighinn na fàidheadaireachd sin duilich a creids. Gur ann gu mòr ri taobh a mhàthar – sliochd a shinn-seanmhar – a bha am balach seo ag aomadh. Gu robh na seachd deamhain ann, agus nach gabhadh ceannsachadh air. Robh cuimhne aig a' bhodach air Uilleam Fiji? Gu robh e air faillcachadh alr a' mhars-sgoile 's air an luchd-teagaisg anns a' bhun-sgoil. Gu robh e mu thràth, dà uair, air ruith bhon taigh. Gu robh esan, athair, bho àm gu àm, a' miannachadh falbh leis air ghoic amhaich 's a leigeil le Geodha na Muic. Dè beachd a' bhodaich air a sin?

'S e an t-ainm a bh' air a' bhodach Coinneach Mìcheal.

"M' òglach-s' a th' ann," arsa Coinneach Mìcheal. "Bidh e na cheannard fhathast an Israel."

Toiseach mo latha, 's ann còmh' ris an urramach a bha mise cadal, ann an leabaidh mhòr dhùbailte a thàinig à mansa MhicFhearchair, anns an rùm aig bàrr na staidhre, os cionn rùm mo phàrantan, far an robh e a' cluich air a' mheileòidian. Son gum biodh e an còmhnaidh le rudeigin ceàrr air, agus son gum biodh e fulang le trom-laighe, bha an lighiche ann an leid dha fhèin ann an rùm mo phàrantan; 's cha robh mo phiuthar bheag air a breith. 'S e an t-urramach, ceithir bliadhna na bu shine na mise, a bha ris a' bhòrd-slios, mis' an cùl na leap; chanadh sinn ar n-ùrnaighean – Tròcair peacach beag air sgàth Chriosd, Amen (mise), Tròcair peacach mòr air sgàth Chriosd, Amen (an-t-urramach) – agus an uair sin, leis an lampa parabhain dheth ach fhathast a' popadaich, na laighe air a dhruim le làmhan fo cheann, mise cho blàth ris a' bhainne, fo ochd plaidichean 's cuibhrig, eadar e 's am balla, chumadh an t-urramach air leis an ath earrainn dha Mac Cholla Chiotaich 's an Gobha Gorm, stòraidh fhada, a-mach às a cheann fhèin, a bha e air a bhi 'g innse dhomh son mìosan ('s a th' agam air mo theanga, a' chuid mhòr dhith, gus an latha 'n-diugh). Cha bhiodh e fada sam bith air adhart nuair a dh'fheumainn stad a chur air – *Càit'*? bhithinn a' faighneachd, a' suidhe 'n àirde, nam èiginn. *Càit' an robh Famhair na Fala a' feitheamh riutha? Anns an Uamh!* chanadh an t-urramach. *Uamh an Oir!* . . . 's thigeadh brag-brag-brag an uair sin bhon an rùm ìosal, mo mhàthair a' gabhail dha mullach an taighe le ceann sguaib, a' maoidhean oirnn a dhol a chadal.

Ghabhainn a chomhairl' ann an rud sam bith. Gach taobh a dheigheadh e, bhithinn-s' ga leantainn; nuair a bhiodh na balaich mhòr aig ceann na sràid, 's ann air Dòmhnall mo bhràthair a bhiodh mo shùil-sa; 's nan canadh e rium dèanamh as, 's gabhail dhachaigh, thòisichinn a' rànail. Chuir e mi uair a-mach air Loch na Muilne am broinn ciste-teatha, 's theab mi a bhith air mo bhàthadh. Uair eile, roilig e mi sìos leathad Handy am broinn tocasaid – 's ann fon an drochaid, ann an gluma na h-aibhne, a stad mi . . . "Stad thus' ort, a bhlaigeird tha thu ann, gu faic mise do mhàthair," throd bean Handy ris, nuair a bha sinn a' tilleadh suas an leathad, esan a' slaodadh na tocasaid, mise bog fliuch, a' beucail na shàil. "Chunna mis' an rud a rinn thu air do bhràthair beag . . ." An àite a freagairt, thog 's thilg an t-urramach clach, a thug brag air an doras air a cùlaibh, 's a bh' air an eanchainn a chuir aist' ach gun theich i ceann às an rathad ann an tìde. 'N uair sin thuirt e riums, "Na innis dha duine gur e mis' a chuir dhan a' bharaille thu. Sguir dhan a' bhòdhan sin. Can gur e thu fhèin a chaidh innt' . . ."

Nuair a chaidh e a sgoil Steòrnabhaigh, chaill mi lorg air. Cha bhiodh e a' tighinn dhachaigh ach aig ceann a h-uile ceala-deug, agus bha e na shrainnsear, srainnsear eòlach, a dh'fheumadh leabaidh dha fhèin agus rum dha fhèin, agus chaidh mo rotadh-s', an aghaidh mo dheòin, a leabaidh agus a rum eile, còmh' ris an lighiche.

Bhiodh cuairtean a' tighinn air an lighiche na leanabh (na 'fits'), bhiodh e a' tuiteam a-mach às a' phram; na bhalach, cuideachd, bha e crùlainneach, le rudeigin an còmhnaidh ga chumail às an sgoil; agus eadar na h-adenoids a bha stopadh a shròin, na tonsils a bha 'g at na amhaich, na sgreaban a bhiodh a' briseadh a-mach air fheadh bho àm gu àm, an cotan a bhiodh mo mhàthair a' cur na chluasan, 's a bhiodh a' dol air chall air am measg nam plaidichean, na clobhdan tiugh flanail, le ola-chruinn-ola orr', a bhiodh i pasgadh mar fhuar-lit mu bhroilleach, an geansaidh piullach, tolltach a dh'fheumadh a bhith air a h-uile oidhch' anns an leabaidh (cha deigheadh e chadal às aonais), an lampa bheag a dh'fheumadh a bhith thuige, ìosal, a h-uile oidhch', air mo thaobh-sa dhen an leabaidh, mus dùisgeadh esan anns an dorch, 's gum biodh eagal air, cha robh e na mhòr-thlachd a bhith anns an aon leabaidh, no anns an aon rùm, ris an lighiche. A thuilleadh air na bh' ann an sin, bha fasan mì-chàilear eile aige – a bhith gabhail an Leabhair dha fhèin a h-uile oidhch', mus deigheadh e chadal (leugh e am Bìoball Gàidhlig, bho cheann gu ceann, mus robh e naoi bliadhna dh'aois); na shuidhe 'n àirde am measg dùn chluasagan, a' piocladh a shròin 's a' dèanamh bàllaichean beaga cruinn, eadar òrdag 's a sgeilbeag, leis an stuth a bha e a' toirt às a chuinnleanan fhad 's a bha e leughadh; 's nan tachradh dha srainnsearan a bhith cèilidh anns an taigh, bhiodh Oighrig piuthar mo mhàthar, seann nighean aineolach a bha fuireachd còmh' rinn, gan tàladh suas an staidhre ach am faiceadh iad an dithis a bh' ann an leabaidh an rùm mhòir, fear le comaig, fear le Bìoball, 's chanadh na srainnsearan rithe, na ar fianais, gur e balach beannaichte a bh' anns an fhear bheag, ceart gu lèor, gu robh sin aithnicht' na ghnùis, gu robh e air a chomharrachadh a-mach na òige, 's gu robh Meur Dhè air suathadh ris. Bha fios agams' air a chaochladh. Bhon oidhche thug e chorrag a-mach às a chuinnlean 's a dh'innis e dhomh gun deach Adhamh a chur a-mach às a' ghàrradh son gun dh'ith e ubhal loibht, bha fios agams' air a chaochladh.

Bliadhna an dèidh sin, 's m' athair air an Leabhar a ghabhail mar a b'àbhaist – a' leughadh mar a dh'fhosgail roimhe, ann an Ecsodus – thuirt an lighiche (aois naoi) ris nach robh esan a' saoilsinn fiach de Mhaois mar cheannard is fear-stiùiridh air Clann Israeil. Dh'fhaighnich m' athar dha carson a bha sin, a ghràidh? An àite a fhreagairt, ghabh an lighiche suas an staidhre, 's nuair a thill e air ais sìos, bha atlas beag gorm na sgoil aige na làimh. *Ciamar*, ars esan, a' fosgladh an atlas aig map an Ear Mheadhanaich, *a bha rian aig duine sam bith dà fhichead bliadhna a thoirt a' dol bhon an Eipheit* – sheall e far an robh an Eipheit air a' mhap – *gu Israel?* – sheall e far an robh Israel. M' athair 's mo mhàthair os a chionn, a' leantainn na corraig aige (cha do charaich Oighrig às an t-sèithear anns an robh i) 's na cinn aca, cha mhòr, a' bualadh na chèile. *'S chan e sin,* ars an lighiche – a' chorrag a' toirt brag air an atlas *– ach fhuair e cuideachadh mòr bhon a' Chruithfhear mus do dh'fhàg* *e 'n Eipheit! Chaidh a' Mhuir Ruadh fhosgladh roimhe! Fhuair e null gun a chas a fhliuchadh!* . . . Steig Oighrig na bioran dhan a' chnocan 's chaidh i innte romhainn; agus bhon oidhche sin, cha robh an còrr shrainnsearan a' dìosgail suas an staidhre 's a' cur dragh oirnn; 's cha chuala sinn an còrr mu Mheur Dhè.

Bhiodh m' athair ga cheasnachadh.

"Carson, a ghràidh, ma tha thu smaoineachadh mar sin, a bhios tu dol dhan an sgoil-sheinn?

" 'S caomh leam na fuinn."

"Uill, 's math sin. Tha sin math . . . Agus cà'il thu leughadh an dràsd anns a' Bhìoball?"

"Habacuc."

"O . . ."

"Tha mi smaoineachadh gur e duine caol a bh' ann a Habacuc, le aghaidh chnàmhach, làn shlagan . . ."

. . . 'S mo bhràthair eile, mo bhràthair mòr, a' dol na b'fhaide 's na b'fhaide air falbh bhuam. Am fear a b'fheàrr leam a bh' air an t-saoghal, dhan dèanainn rud sam bith. Biodh e tighinn bho bus na seachd a h-uile dàrna Dihaoine aig ceann an rathaid ùir, a' coiseachd a-steach an rathad, gun càil a chabhaig, na bhriogais fhada 's na bhlazar, a cheas beag ruadh na làimh, a' stad aig còrnair lios Thormoid, 's a' cur pacaid fags is bucas mhaids air falach dhan a' bhalla; 's cha robh càil a dh'fhios aige cò, bho uinneag a' skylight, a bha ga choimhead ga dhèanamh. Anns a' cheas ruadh, bha poca-siabainn; anns a' phoca-siabainn, sgàthan, cìr, rud son glanadh d'ìnean, siabann-sèibhigeadh, bruis-sèibhigeadh, ràsar. Thòisich cupanan 's buinn a bha e cosnadh son ball-coise a' nochdadh air uachdar an t-sideboard, thilg e bàlla criogaid na b'fhaide na balach eile dha aois an ceann a tuath Alba, bhuannaich e 'n dòrnag aig Cattle Show Bharbhais. Aon oidhche Haoine, thàinig e dhachaigh, 's gun aodach na sgoile a thoirt dheth, no innse dha duine bha staigh cà robh e dol, leum e air an 6.5 Special (ainm a' bhaidhsagail) 's dh'fhalbh e sìos an sgìre. Cha do thill e gu madainn. Cha robh craiceann air an t-sròin aige nuair a thill e, bha glùinean na briogais fhada reubte, car ann a handlebars an 6.5 Special, agus sraod aig a' chuibhle-thoisich. Oidhch' eile, dhùisg mi a' cluinntinn sporghail is tàislich os mo chionn, air mullach an taigh, 's nuair a sheall mi mach air an uinneag, 's e an t-urramach a bh' ann, a' coiseachd suas air an sglèat. *Gabh dhachaigh*, thuirt e rium, nuair a chunnaic e mi.

Thàinig dà nighean a Steòrnabhagh gu geat an taigh againn uair, ga lorg. Air Disathairn a bh' ann. 'S e Beurla a bha iad a' bruidhinn. Chum mi baidhsagal na dàrna tè, fhad 's a bha i a' ceangal barrall a sandshoe. Baidhsagal gun chrossbar. Chuir mi mo làmh air an t-saddle: bha i blàth. Thàinig mo mhàthair timcheall bho chùl an sguilearaidh, far an robh i a' nigheadaireachd, 's thug i trod dhaibh; nuair a thill an t-urramach bhon abhainn, am beul na h-oidhch', thug i trod dhàsan cuideachd, son a bhith tarraing a leithid a chreutairean gun an taigh aicese, dà aghaidh a dhiùlt nàire . . .

Ma bha 'n abhainn na leum Diardaoin, bhiodh tuil mhath fhathast innt' air Disathairn. Nam faiceadh tu a chùl air taobh muigh na linne-chasg, bho uinneag rum Oighrig piuthar mo mhàthar, gun seasamh air sèithear, bha burn gu leòr anns an abhainn. Tiona anns an robh polish, àrc a thàinig à botal castor-oille, boiteagan fo na clachan ri taobh lios Thormoid 's timcheall seann taigh a' Bhèiceir. Le aon bhoiteag uair, thug an t-urramach ceithir bric mhòra a gluma aig na Cnocan Glas . . .

Bhiodh m' athair ga cheasnachadh.

"Carson a tha thu fhèin ag òl mar a tha thu? . . . A dhuine bhochd tha thu ann?"

An t-urramach le cheann air a' bhòrd. Bòrd a' chidsin. Bha solas an dealain againn. 'S e bha math, 's cha b'e lampaichean parabhain is tilley.

"Dèanamh ball-maslaidh dhiot fhèin . . . Bha balaich Mhurchaidh Ruairidh ann an seo an-diugh ga do lorg . . . 'Eil thu ga mo chluinntinn? Son gun chuir thu sùilean dubh rim bràthair –"

Thàinig ceann an urramaich an àirde, mar ceann each-cogaidh a' cluinntinn fuaim na trompaid, 's dhùin a dhà dhòrn.

"Cà bheil iad? Cà 'n deach iad?"

Cha robh eagal air ro duine bha beò.

"Ma thilleas iad, dùisgibh mi."

Chuir e cheann air ais air a' bhòrd.

'S e mo mhàthair a dh'innis dhomh mun oidhche a thàinig atharrachadh nan gràs air.

" 'N ann anns a' chidsin a bha sinn, mi fhìn 's d'athair? Cha b'ann ach shuas aig an teine. Bha Oighrig mo phiuthar air a dhol innt', bha Uilleam shuas an staidhre, 's bha thusa air an allaban an Obar-Dheadhain, an àite bhith aig an taigh, mar bu chòir. Fuil nan Ruadhanach, taobh d'athar – sliochd do shinn-seanar. Dà shamhradh thug thu air falbh bhon taigh, gun fònaigeadh, gun sgrìobhadh . . . Co-dhiù, cha robh an sgoil fada air a dhol a-steach, an dèidh plèidh an t-samhraidh. A' chiad bliadhna a bha e teagaisg air ais anns an eilean, ann an sgoil Shiaboist, 's bha e air e fhèin a mhaslachadh innte mu thràth, a' tuiteam na chadal madainn os cionn an register. Taobh clann 'Ic Leòid, na Ruadhanaich – bha sin anns an dualchas agaibh. Co-dhiù, bha mi fhìn 's d'athair ag ullachadh son a dhol innt', an dèidh aon uair deug a dh'oidhch', nuair a chuala sinn fuaim a' chàr aigesan a' tilleadh – cha robh uiread de chàraichean air an rathad an uair ud 's a th' ann anns an latha 'n-diugh – 's clab an dorais tha muigh a' fosgladh 's a' dùnadh. Tha cuimhn a'm gun duirt d'athair rlum, 'Dè tha ga chur dhachaigh cho tràth ri seo? 'N ann air tòiseachadh a' gairm ro mheadhan-oidhche tha coilich an taobh thall?' E suirghe, mas fhìor, an uair ud, air tè a Eòropaidh, a-muigh aig an taigh-sholais, plaosg bhog ruadh le breacan-sianaidh, Etta an t-ainm a bh' oirre. 'N uair sin dh'fhosgail doras an ruma, 's thàinig e steach.

   " 'Tha sibh ann an sin,' ars esan. An guth aige cho socair, neònach, 's gàire beag sèimh air aghaidh. 'Chan eil sibh air a dhol innte fhathast.' 'Dè,' arsa mis', 'a bhalaich, a tha ceàrr ort?' Cho neònach 's a bha e coimhead, eil thu tuigs, 's an guth aige mar a bha e. ' 'N e do mhionach tha goirt, no dè?' 'Chan e, a mhàthair,' ars esan, leis an aon ghàire 's an aon ghuth. 'Tha mi faireachdainn glè mhath. Math dha-rìribh! Cha robh mi riamh a' faireachdainn *cho* math!' Shuidh e air an stòl ud a rinn e fhèin anns an sgoil bheag. 'Seall!' ars esan. 'An teine mònach, le fàd tasgaidh air! Nach bòidheach sin! A' wireless, na h-àite fhein! 'S an gleoc! 'S dealbh an teaghlaich air a' bhalla! Nach àlainn an rum sa! Nach math a bhith bèo! Nach àlainn an saoghal!'

   " 'Cà robh thu 'g òl?' dh'fhaighnich d'athair dha.

   'Cà robh mi 'g òl?' Lìon a shùilean le deòir. 'M' athair!' dh'èigh e. ' 'S tusa dh'fhaodas a' cheist sin a chur air do mhac stròdhail! 'S ann riuts' a thachair e!'

   "Stad e, a' coimhead rinn leis an aghaidh neònach, ùr, nach robh sinn ag aithneachadh. 'O seadh,' arsa mise rium fhìn. 'Tha rud eile an seo.'

   " 'Cha robh mi riamh a' faireachdainn cho math,' ars esan a-rithist. An dàrna h-uair aige air a ràdh. ' 'S cha robh mi 'g òl an àit'. 'A-nochd,' ars esan – seo mar a chuir e e – 'thàinig atharrachadh mòr na mo bheatha-sa. Tha mise nochd,' ars esan, 'air Iosa Crìosd a ghabhail a-steach na mo chridhe mar Shlànaighear. Mise, a bha na mo pheacach caillt'. Crìosd, ceann-feadhna nam peacach!'

"Lìon a shùilean a-rithist.

" 'M' athair 's mo mhàthair!' dh'èigh e, a' coimhead rinn 's a' togail a ghàirdeanan suas dhan an adhar. (Sinne 'sang dumb'.) 'Cà'il Uilleam?' dh'èigh e 'n uair sin, a' leum gu chasan. 'Cà'il Uilleam mo bhràthair, ach an innis mi mo naidheachd dha?'

"Dh'fhalbh e suas an staidhre. An gath-neimhe eile shuas ann an sin roimhe. Chaidh sinne dhan an leabaidh, mi fhìn 's d'athair, bha cho math sin dhuinn. 'N ann a dol a dh'fhuireachd an àirde ag èisdeachd ri siud a bha sinn? Catch Paddy! Ach son ùine mhòr cha d'fhuair sinn norradh leis a' mheab mheab mheab os ar cionn, 's casan a-null 's a-nall air an làr. Anns a' mhadainn, thàinig am fear eile a-steach dhan an rùm againn mus robh sinn air èirigh, le dà chupan teatha 's cream crackars le ìm eadar an dà bheul dha d'athair, 's an Cornish Wafer tioram dhomhsa. 'Uill?' ars esan. 'Dè ur beachd?'

" 'Beachd?' arsa mise. 'Dè tha thu mionaigeadh, a bhalaich, ar beachd?'

" 'Dè 'm beachd a bha gu bhith againne,' arsa d'athair, 'ach an aon bheachd, 's e sin beachd math?'

"Shuidh e – air muin m' aodaich – 's thàinig an stùirc ghrànda ud air aghaidh a bhiodh a' tighinn oirre na bhalach beag, nan canadh duine càil ris – eil cuimhn' agad? 'Latha math ann an-diugh, Uilleim' – 'Dè tha gad fhàgail anns an dìg sin, Uilleim?' – 's thigeadh stùirc ghrànda air aghaidh, 's thòisicheadh e rànail. Fiù 's na leanabh anns a' chreathall, bhiodh an aon stùirc air. Co-dhiù, shuidh e ann an sin – leis an stùirc – air muin m' aodaich. ' 'N diabhal,' ars esan an uair sin – am fianais d'athar, cuimhnich, nach fhuiling 's nach do dh'fhuiling a-riamh droch chainnt am broinn an taigh – ' 'n diabhal air a h-uile càil a th' ann . . .' "

Choinnich fàileadh a' bhrochain sinn air an staidhre.

"Tha cianalas lugha orm," thuirt mi ris an urramach, " 's daoine air am bi 'n cianalas, a tha gu bàsachadh leis a' chianalas. An duine a b'aingidh ris na choinnich mi riamh – Sgiathanach – cha robh an cianalas a' falbh dheth. Ach innis dhomh an dràsd – dè tha am fàileadh sin a' toirt na do chuimhne?"

"Latha na Sàbaid," ars an t-urramach. "Brochan mòr na Sàbaid."

" 'S e."

Stad sinn air an staidhre, mar dà amadan.

"Am bus air tilleadh às an t-searmon . . ."

"Dà uair feasgar . . . "

"Oighrig piuthar mo mhàthar a' tighinn às a' bhus aig an rathad chruinn . . ."

"Cha bhiodh m' athair no mo mhàthair a' dol dhan an t-searmon uair sam bith . . .

"Bhiodh m' athair a' dol dhan a' choinneamh bheag, aig sia..."

" 'Eil cuimhn' agad air ad Oighrig?"

"Tè mholach dhubh . . ."

"Bhiodh i ga crochadh air sgàthan a' bhùird-sgeadacliaidh. Air tè dhe na sgiatlian . . ."

"An othail, a h-uile madainn Sàbaid, mus fhaight' a-mach às an taigh i . . ."

" 'Eil sgeul air a' bhus sin fhathast?' 'Eil sibh cluinntinn fuaim?' "

" 'Fhalbh thusa dhomhs', a Dhòmhnaill a ghràidh, 's tu 's fheàrr fradharc, 's faic 'eil e an cùl an Druim Gheur . . .' "

" 'Eil a h-uile càil agam? Bìoball? Collection?' "

" 'S a' toirt na bruis-aodaich dha mo mhàthair – 'mus eil biolagan air mo dhruim . . .' "

" 'Cà'il mo mhiotagan?' "

" 'Mo shiùcaran, cà na chuir mi iad?' "

" 'S bheireadh i dhuinn fear an duine . . ."

" 'Nach eil mi glè mhath?' chanadh i ri mo mhàthair, anns an dol a-mach . . ."

"Tarraing nam prìneachan às an ad mholach air beulaibh an sgàthain . . . 'G innse cò bh' anns an t-searmon . . ."

"Fàileadh a' bhrochain . . ."

"Bha e 'n còmhnaidh grianach, Latha na Sàbaid . . ."

"Grianach, sàmhach . . ."

"Cuileag mhòr a' srannail anns an uinneag . . ."

"Mo mhàthair a' falbh a-mach às an taigh leatha, am broinn tubhailt shoithichean . . ."

"Bhiodh an t-uisg ann uaireannan . . ."

"Chan eil rian air . . ."

"Uill," arsa Cairstìona rium, "ach nach iongantach an rud e." Bha sinn aig a' bhòrd. "Shuas an staidhre, sileadh na shùilean a' gàireachdainn. Shìos an staidhre, sileadh na shùilean a' gal. Dè tha thu dèanamh air a' bhodach agam?"

"Thèid e ghal son rud sam bith," arsa Calum Iain. "Innis dha gun rug an cat piseagan, 's tha na sùilean aige a' lìonadh."

Ghnog Cairstìona air an uinneag.

"Tha ur biadh air a' bhòrd!" dh'èigh i. "Cò mheud uair eile a dh'fheumas mi 'n aon rud innse dhuibh?"

Chaidh an dithis a bha muigh, le tòrr clabadaich, seachad air an uinneag.

"Seo am bòrd aig am biodh sinn," ars an t-urramach. "Am brot air a thogail, 's uachdar a' tighinn air . . ."

"A bhobhla fhèin aig Uilleam, an àite truinnsear. Bobhla domhainn geal, le trì srianagan gorm a' dol timcheall a bhàrr ..."

"Bha 's a spàin fhèin, a bharrachd air duin' eile . . ."

"Bha 'n aon chnag ann am Mairead. Sgian le làmh bhuidhe a bh'aicese, anns nach fhaodadh duin' eile srucadh . . ."

"Bhiodh tusa ga cur ri taobh do thruinnseir fhèin, son an ainmein a chur oirr' . . ."

"Greasaibh oirbh!" arsa Cairstìona ris an dithis a nochd. "Thusa –" ri Murchadh – "ri taobh fear d'ainm, greas ort! Thusa" – ri Daibhidh – "null gu taobh eile a' bhùird. Na nigh sibh ur làmhan? Scallaibh iad dhomh. Ceart. A-nise –"

Rinn an t-urramach, bho cheann a' bhùird, altachadh beag cabhagach.

" 'S an asaid mhòr am meadhan a' bhùird," thuirt e, cho luath 's a thog e cheann. "Leis an gigot . . ."

"An asaid mhòr staoin. Snèip bhruich is curranan . . ."

" 'S an soitheach ud leis an dà chluais air son a' chàil ..."

" 'S asaid a' bhuntàta. 'S airson gur e Latha na Sàbaid a bh' ann, bhiodh am buntàt' air a rùsgadh . . ."

"Uaireannan air a phronnadh . . ."

"Ithibh ur biadh," arsa Cairstìona.

Bha mi togail na ciad spàin brochain gu mo bheul nuair a fhuair mi buille bho cas, fon a' bhòrd, a theab dà leth a dhèanamh air mo lurgainn. "O Thighearna!" thuirt mi, a' leigeil èighe asam. Thuit an spàin as mo làimh air ais dhan an truinnsear.

"Dè tha ceàrr?" ars an t-urramach.

Sheall mi ri Daibhidh, tarsainn air a' bhòrd. Bha 'n aghaidh aige dearg. Crith anns an fhear ri mo thaobh, a' feuchainn gun tòiseachadh a' gàireachdainn.

"Duilich, uncail M.," thuirt e. "Airesan . . . bha mi feuchainn..."

"Dè tha ceàrr? Dè rinn e?"

"Uh . . . feuchainn a bhròg air Murchadh . . ."

"Chan eil thu uabhasach cinnteach," thuirt mi ris; grèim agam air mo lurgainn fon a' bhòrd. Bha 'm pian a' falbh.

". . . duilich . . ."

Thòisich e gàireachdainn. Thòisich 's am fear eile.

"Tha càirdean agad ann a Fijl. Robh fios agad?"

"Aon uair eile," ars an t-urramach, a' coimhead ri Daibhidh. "Aon uair eile, a laochain, agus bidh thu muigh air an t-sitig, seallaidh mise sin dhut." Thionndaidh e ri Murchadh. "Thusa cuideachd."

"Seo," arsa Cairstìona, a' toirt pàipear Kleenex dhomh. "Chaidh brot air do gheansaidh."

Son gun tigeadh na moilean aige bho chèile, thuirt mi ris an urramach: "Creamola."

"Wuh?"

"Sin am pudding a bhiodh againn air Latha na Sàbaid. Creamola 's peaches."

"Neo pears," ars an t-urramach. "Mura biodh peaches aig Dòmhnall Mhillar."

"Agus jelly. Jelly a' Choop."

"Uilleam is Mairead a' faighinn sgrìobadh na sgeileid."

"Sgrìob mu seach. Le spàin fhiodha."

" 'S nach dèan siud fhèin a' chùis dheth an dràsd, a bhalachaibh?" arsa Cairstìona. "Dè mu dheidhinn gum bruidhinn sibh air rudeigin eile?"

"Ceart."

"Aidh . . ."

"Siuthadaibh!"

"Ceart . . ."

"Aidh . . ."

"Cò air a bhruidhinneas sinn, ma-tha?" ars an t-urramach.

"Rud sam bith! Gu sealladh sealbh ort!"

"Dè 'm pudding tha gu bhith againn," dh'fhaighnich Diabhidh dhi.

"Ubhal a' mhìogais."

"Wha'?"

"Traidhfil, ma bhios tu modhail."

Na mo cheann, bha 'm muir tràghaidh a' sluaisreadh. Bha Calum Iain a' bruidhinn rium.

"Dè?"

"Nach do rinn thusa feallsanachd anns an Oilthigh?"

"Rinn. Dà bhliadhna."

"Na chòrd e riut?"

"Chòrd. Ach an dàrna bliadhna, fhuair deoch làidir làmh-an-uachdair orm, 's chaidh an fheallsanachd, còmh' ris a h-uile cuspair eile, ron a' ghaoith."

"Na rinn m' uncail Uilleam feallsanachd cuideachd?"

"Cha leigeadh e leas. Bha na freagairtean aige mu thràth."

"Dè mar tha Marjorie?" dh'fhaighnich Cairstìona dhomh.

"Mar a chunna tu."

"Con nach tàinig i nall còmh' riut? An dèidh dhi cantainn?"

"Nach eil i cho trang . . ."

"An dèidh dhi cantainn riums' air a' fòn gun tigeadh. Gun toireadh i fhèin a-nall thu."

"Cuine thuirt i sin riut?"

"An-dè."

"Cha robh fhios a'm air a sin."

"Bha làn dhùil aic' a thighinn a-nall còmh' riut."

"Uill, uill . . ."

"Stad thus' gu faic mis' i! 'S i gheibh an trod!"

Bha 'n t-urramach a' casdaich 's a' gàireachdainn aig ceann a' bhùird, 's ag èigheachd àird a chinn, "Cha robh cluicheadair aig Alba a riamh samhail Jim Baxter. A thaobh sgilean. 'Eil mi ceart, a Mhurchaidh? Cha robh 's cha bhi."

". . . 's an ath-bhliadhn'," arsa Calum Iain, "bidh sinn a' dèanamh Bishop Butler is Hume . . . 'S chan eil thu rèisd a' smaoineachadh gum bu chòir dhomh Gàidhlig ionnsachadh?"

"Dè tha seo?" dh'fhaighnich mi dha Cairstìona. "Cofaidh?"

"Cluicheadairean!" dh'èigh an t-urramach bho cheann a' bhùird. "Chan fhaca sibh cluicheadairean ceart ann!"

"Dè?"

"Chan eil," thuirt mi ri Calum Iain. "Con a tha thu 'g iarraidh Gàidhlig ionnsachadh? Tha Ghàidhlig a' bàsachadh; an fhìor Ghàidhlig. Chan e an neo-chainnt gun bhrìgh gun bhlas a chluinneas tu aig luchd-labhairt, mar a th' ac' orra fhèin, air an teilidh 's air rèidio . . . chan e Gàidhlig a tha sin ann. Ach an fhìor Ghàidhlig? . . . tha 'n fhìor Ghàidhlig gu bhith às an t-sealladh. Mar na daoine aig a bheil i. Tha i a' norradaich an tac an teine, anns a' bhlàths, botal-teth ri druim, sliopars mu casan, plaide mu gualainnean, ag òl teatha, a' gearain le cnàmhan, a' coimhead na teilidh . . . a' bàsachadh. Leig do phàrantan 's do shinnsearan eachdraidh an dùthaich fhèin seachad, bha barrachd suim aca dha eachdraidh an t-Sasannaich, eachdraidh an lùdhaich. Leig iad an cànan fhèin seachad, mar an ceudna, b'fheàrr leotha cànan a' chreachadair, cànan an spùinnire. 'S ma bha i cho suarach ri sin acasan, 's ma bha iadsan nan tràillean cho mòr, a' mùchadh 's a' marbhadh an aona rud bu phrìseil a chaidh a thoirt dhaibh, carson a tha thusa, 's an oidhche air tuiteam, a' dol a dhèanamh dìoladh air a son?

". . ."

"Dè?"

". . . coimhead cho sgìth . . . 'm bu chaomh leat a dhol na do shìneadh son greis bheag? . . ."

"Faigh mi deoch bhùirn? . . . pile agam ri ghabhail . . ."

"Theirg dhan an leabaidh againn fhìn . . . a Chaluim Iain …

". . . faireachdainn . . . beagan sgìths . . ."

"Cò?"

"Trobhad. Gabh mo ghàirdean."

Na guthan aca a' tighinn 's a' falbh.

Anns an rùm, thug Calum Iain dhiom mo bhrògan. Rùm Oighrig piuthar mo mhàthar. Mhothaich mi gu robh e air ùr-pheantadh.

"Falbh fon a' chuibhrig," arsa Cairstìona. " 'N tarraing mi na cùrtairean?"

"Cuine pheant iad an rùm?"

"Chan eil fhios a'm. Bidh fios aig Dòmhnall."

". . . còir ac' a pheantadh . . ."

Diog, diog, diog aig a' ghleoc alarm. Tharraing Cairstìona na cùrtairean.

Bhris an t-suaile air a' chladach le brag.

Laigh mi fon a' chuibhrig, agus dhùin mi mo shùilean.

Cha do chaidil mi idir. Cha b'urrainn dhomh. Laigh mi le mo làmh fo mo cheann 's taobh a' chridhe fodham, anns an leth-sholas, a' smaoineachadh. Rùm Oighrig piuthar mo mhàthar. An gleoc a' diogadaich . . . diog, diog, diog. Smaoinich mi: tha bliadhna a-nis bho thòisich mi a' feitheamh ris a' bhàs . . . bliadhna de mhìosan 's de sheachdainean 's de làithean 's de dh'uairean 's de mhionaidean 's de dhiogan. Chaidh iad seachad cabhagach, 's chaidh iad seachad mall. Ach chaidh iad seachad. Bha mi coma. Smaoinich mi 'n uair sin air na thuirt mi ri Calum Iain aig a' bhòrd mu dheidhinn na Gàidhlig. Cha bhruidhinneadh duine mar siud ach duine gun dragh neo diù . . . duine th' air fàs sgìth dhe bheath'. Thàinig e steach orm an uair sin, gu làidir, nach b' ann an-dè no 'n-diugh, no anns a' bhliadhna mu dheireadh dhe mo bheatha a-mhàin, a bha mi a' faireachdainn mar sin, agus nach robh aona dhòchas, aona chreideamh, aon iarrtas na mo bheatha, bho riamh, a bha seasmhach is daingeann. Beò bho latha gu latha, mar bò no mar each, gun tuigse, gun mac-meanmhainn, ag èirigh 's a' laighe 's a' lìonadh mo bhrù. Toirt mo bheachdan bho dhaoine eile, ach gun beachd tùsail agam fhìn air càil. Mo ghlaodh an aghaidh na gaoithe, mo chorraich ris an dìthreabh. Cha robh aon nì mòr na mo bheatha; ann an dreuchd uasal, onarach son còig bliadhna thar fhichead, cha do dh'fhàg mi cuimhneachan orm fhìn, mar fhear-teagaisg, an àite dhan deacha mi. 'S cha tug mi càil dhiom fhìn dha daoine eile – dè bh' agams' a bheirinn dhaibh?

'S mur h-eil càil agad a roinneas tu ri do nàbaidh 's do cho-chreutair, chan eil càil idir agad. Tha thu air d'fhaighinn easbhaidheach, agus air do dhearbhadh falamh.

Cha sheas poca falamh, neo taigh a tha stèidhichte air gainmheach.

" 'S carson a rèisd a dh'iarradh tu dàil?" tha 'n guth eòlach a' faighneachd na mo chluais – " 's a mhiannaicheadh tu a bhith beò airson deich, fichead bliadhna eile? Dè ged a thachradh mìorbhail an dràsda fhèin, 's gu faigheadh tu do mhiann? Dè dhèanadh tu leotha, nach do rinn thu leis an fheadhainn a fhuair thu mu thràth? Innis sin dhomh, thusa a tha marbh ach beò. Thusa a bhàsaich o chionn fhada."

"Bi rèisd mar tha an t-ìmpire Marcus a' coimhairleachadh," tha guth eile a' freagairt – "foighidneach, fulangach, a' feitheamh, fo adhar an t-saoghail mhòir. Fhuair thu ùine àraidh dhut fhèin air an talamh: tha i seachad. Cha robh an tuilleadh an dàn dhut. Imich, air an adhbhar sin, mar a thàinig thu, na do lomnochd, le gàire deònach, fo shùil an Tì sin a tha toirt cuireadh dhut falbh."

"Amen agus amen," tha chiad ghuth a' fanaid. " 'S 'eil siud ga do neartachadh 's a' toirt comhfhurtachd dhut . . .?"

Air taobh muigh na h-uinneig, tha latha mòr geal eile a' dol seachad, a' sìneadh gu feasgar. Diog, diog, diog aig a' ghleoc.

Sguir mi a' smaoineachadh. Dè math no feum a th' ann dhomhs' a bhith smaoineachadh? Stad na guthan.

Chaidh uair a thìde seachad. Uair a thìde gu leth. Con nach eil iad a' tighinn ga mo dhùsgadh?

Pheant iad mullach an rùm cuideachd, tha mi faicinn, air muin a' V-lining. Peanta geal. Bha làrach dampachd anns a' chòrnair sin, os cionn na ciste-dhràthraichean, nuair a bha mise beag – donn anns a' chòrnair, a' dol na bu shoilleir mar a bha e a' sgaoileadh a-mach. Air oidhcheannan geamhraidh, leis na faileasan a bhiodh an lampa bheag 's an teine mònach a' dèanamh a' gluasad air mullach an taigh, bhiodh e a' dol dhomh na eileanan le caolais, na luing-chogaidh, na fhamhair le falt clèigeanach 's aon ghàirdean a-mach...

Casan a' tighinn mu dheireadh thall. Bha thìd' sin ac'. Gnogadh aotrom air an doras. Tha mi dùnadh mo shùilean, 's a' toirt a chreids gu bheil mi na mo chadal. Tha 'n doras a' fosgladh.

" 'N dùil am bu chòir dhuinn fhàgail . . .?"

"Carson?"

"Chan eil fhios a'm . . . Tha e coimhead cho sgìth . . ."

Dòmhnall 's Cairstìona. Tha mi fosgladh mo shùilean.

"O! . . . Tha thu na do dhùisg! . . ."

"Sinne th' ann."

Tha iad aig taobh na leap. Treidhe aig Cairstìona na làmhan.

"Cha robh sinn cinnteach an robh thu son do dhùsgadh ..."

"Dè 'n uair a tha e?"

"Leth-uair an deidh sia."

"Na chaidil thu?"

"Chaidil. Con a tha thu sainnsearachd, a Chairstìona?"

"A bheil?"

"Tha."

"Tha," ars an t-urramach.

"Cha do chaill mo chluasan an claisneachd fhathast."

"Am fosgail mi na cùrtairean? Fàgaidh mi 'n treidhe agaibh."

"Fosgailidh."

"Olaibh an teatha sin a-nis."

Dh'fhalbh i.

6.

"SEADH, ma-ta?" thuirt mi ris an urramach.

Bha e a' taomadh a-mach na teatha.

"Cha do chuimhnich i air siùcar . . ."

"Dè th' anns a' bhobhla sin?"

"O . . ."

"Chunna mi do dhealbh anns a' phàipear-naidheachd . . . 'n ann an-uiridh? . . . a' cluich maide-leisg le clann sgoil Shàbaid."

" 'N-uiridh a bh'ann . . . Cò mheud làn na spàin?"

"Ceithir. Dè 'n cuideam a th' annad a-nis?"

"Sia clachan deug."

"Cus."

"Bha mi suas gu ochd clachan deug nuair a chaidh an dealbh sin a thogail," thuirt c, gun sealltainn rium, 's an guth aige a' dol na bu shlaodaich 's na bu shlaodaich. "Sguir mi a dh'ith builtàt' . . . rudan milis . . . Seo."

Thug e 'n cupan teatha dhomh, cluais a' chupain air a tionndadh gu mo làimh.

"Leugh mi cuideachd, an àiteigin, gun d'fhuair thu cuireadh a dhol a-mach a dh'Astràilia, a dh'iompachadh Aborigines. Cà na leugh mi siud?"

Cha do fhreagair e. Bha e coimhead a-mach air an uinneag.

"Dè 'n cuideam a th' annad fhèin?" dh'fhaighnich e – 's mus fhaighinn air freagairt, fhathast a' coimhead a-mach air an uinneag, thuirt e, "Eil difir leat ged a shuidhinn ann an seo greiseag a' bruidhinn riut?"

"Nach eil fhios agad nach eil?" Thug mo chridhe leum bheag. "Nach ann son sin a thàinig mi nall?"

"Tha mi toilicht' gun tàinig thu nall," thuirt e. "Tha mi garbh toilicht' d'fhaicinn. Siuthad – ith tè dhe na sgonaichean sin. Seo. I fhèin a rinn iad."

"Math . . ."

"Phos mi deagh chòcaire. Bha sinne a' dol a-null a shealltainn orts', bha làn dhùil againn, 's an uair sin, nuair a dh'fhònaig Marjorie a dh'innse gu robh thusa a' tighinn a-nall thugainne, uill . . . Cha robh sinn a-riamh faisg, mise 's tusa, an robh, ged as e dà bhràthair a bh' annainn? Cha robh sinn a-riamh cho faisg air a chèile, can,

94

's a bha thu fhèin 's Uilleam. Tha mi creids gur e a liuthad bliadhna a bha eadarrain bu choireach. Nuair a bha thusa deich, bha mise ceithir deug. Balaich bheag a bh' annaibh, annad fhèin 's an Uilleam, na mo shùilean-sa."

"Tha sinn an aon aois a-nis, a Dhomhnaill."

"Tha."

Sheall e mach air an uinneag a-rithist.

" 'S nuair a bha thu anns an Oilthigh," thuirt e, " 's an dèidh sin a' teagaisg ann an Glaschu, chan eil fhios a'm dè bu choireach, ach cha b'urrainn dhomh uair sam bith bruidhinn riut air creideamh no air nithean spioradail, mar a bha còir agam, bha rud anns an aghaidh agad . . . anns na sùilean agad . . . a bha 'n còmhnaidh a' cur stad orm. Bha 'n aon rud an sùilean do mhàthar. 'S mait nach eil sin ceart, 's gur ann a bha an lochd annam fhìn. Ach bha rudeigin an còmhnaidh a' cur glas air mo thcanga. Fiù 's nuair a bha thu anns an ospadal eagalach ud an Glaschu, air do dhruim le obair na deoch. Cha b'urrainn dhomh mo bheul fhosgladh."

"Dh'fhosgail thu e farsaing gu lèor son na plums a thug thu thugam a stobadh sìos do ghoile."

"Dè . . . ?" Rinn e gaire.

"Dà phunnd. Sìos do ghoile."

"Chuir thu troimhe-chèile mi," thuirt e. "Gad fhaicinn anns an t-suidheachadh anns an robh thu. Ith sgona eile, siuthad. Nach iad tha math? 'S i rinn a' chèic cuideachd, air do choinneamh."

"Dhomh slaighs' dhen a' chèic."

"Chuimhnich i nach bu chaomh leat orange peel."

" 'N ann air a sin a tha thu 'g iarraidh bruidhinn? Nithean spioradail? . . . Tha chèic sa math."

"Bha mi smaoineachadh gun còrdadh i riut . . . 'S ann."

"Eil mi creids ann an Dia, 's mar sin air adhart?"

An àite freagairt, 's ann a chrath e cheann, 's thòisich e a' gluasad a làmhan a-null 's a-nall mu choinneamh a shùilean, mar gum biodh sgleò air tuiteam air a fhradharc, a bha e feuchainn ri theicheadh.

" 'S fhada bho fhuair mise gealladh bhon a' Chruithfhear air do shon," thuirt e 'n uair sin. "Robh fhios agad air a sin? Gealladh nach deach, gu ruige seo, a choimhlionadh. 'S cha bu mhi nam aonar. Fhuair 's Oighrig piuthar do mhàthar."

"Fhuair Oighrig piuthar mo mhàthar, a Dhomhnaill, gealladh no earrainn fhàbharach dhan a h-uile duine bha riamh air an t-saoghal. Fhuair Oighrig piuthar mo mhàthar earrainn fhàbharach dha Hitler."

"Tha thu fanaid orm . . ."

"Cha ghabhainn sin orm. Seall a' mheud a th' annad a bharrachd orm. Ochd clachan a th' annamsa." Rinn e gàire. "Ach tha thu 'g ràdh nach d'fhuair thu riamh eòlas ceart orm, no còmhradh ceart rium . . . nach biodh e na b'fhasa dhuinn, a rèisd, nam feuchainn-s' ri innse dhut mo smuaintean fhìn air na nithean spioradail sin, 's dè na freagairtean a th' agam, ma tha freagairtean agam, dha na ceistean dìomhair a tha dùil agad a chur orm? Agus canaidh mi riut anns a' chiad àite, mus tèid sinn nas fhaide, gu bheil mi a' creids ann an Dia . . . Spiorad Mòr . . . thoir an t-ainm air a thogras tu . . . tha mi creids gu bheil Dia ann, agus gun chruthaich e an saoghal, tha mi a' creidsinn seo ged nach eil mi ga thuigs, mar a bha m' athair ga chreidsinn, 's Oighrig piuthar mo mhàthar, a fhuair earrainn air mo shon, mar tha leanabh a' creidsinn a h-uile facal a tha tighinn à beul a mhàthar. Sin mar a dh'fheumas tu a chreidsinn, na mo bheachd-sa. Feumaidh tu a shlugadh slàn, gun cus rannasachaidh no reusanachaidh a-mach a dhèanamh air. Creididh an duine baoghalta. Chan eil ann an reusan ach ribe."

" 'S e do reusan a tha 'g ràdh sin riut."

"An e? 'S mait gur e. Ach dè bha mi 'g ràdh? Con a chuir thu stad orm?"

"Tha thu creidsinn g'eil Dia ann –"

"Tha mi creidsinn g'eil Dia ann ... 's mi dh'fheumas ... 's chan e mhàin gun chruthaich e an saoghal 's an domhainn, ach gu robh adhbhar math aige airson sin a dhèanamh . . . gu robh adhbhar math air a chùl. Gu bheil na rinn 's na dhealbh e airson maith, mar a tha am Bìoball ag ràdh, gur ann airson maith a tha gach nì a tha tachairt dhuinn anns an t-saoghal s', agus gun tèid sin a dhearbhadh 's a dhèanamh follaiseach dhuinn air an latha mhòr tha tighinn, ged nach eil comas againn a thuigsinn an dràsd. Nach dèan an Dia uile-fhiosrachail agus uile-chumhachdach ceartas rinn? Nach eil an nì sin a tha eu-comasach dha daoine comasach dha

Dia? Ged a bha fios aige, milleannan air mhilleannan de bhliadhnaichean mus do chruthaich e an duine aingidh sin, gu robh e ga thoirt dhan an t-saoghal airson a sgrios . . . ged a bha a' chumhachd aige, aig an aon am, *gun* an duine aingidh sin a thoirt dhan t-saoghal airson a sgrios . . . gidheadh, thug e dhan t-saoghal e, chruthaich e e na ìomhaigh fhèin, Dia nan gràs agus na tròcair, airson a phianadh 's a chràdh gu bràth, ann an teine sìorraidh, a chaidh ullachadh airson an diabhail is ainglean. Agus tha sin ceart. Agus tha sin math. Ged nach ruig mo reusan-s' air an adhbhar carson."

"Tha thu bruidhinn an seo air saor-thoil."

"Tha saor-thoil againn, a bheil?"

"Tha. Tha sinn fiosrach air math is olc."

"Ma tha sin ceart, cha robh fios aig Dia, nuair a chruthaich e an duine aingidh, dè 'n taobh a bha e dol a thionndadh; no a' chumhachd, nuair a chaidh e an taobh ceàrr, a thionndadh air ais. Chan eil Dia a rèisd uil'-fhiosrachail no uile-chumhachdach."

"Tha thu ceart a bhith ceasnachadh nan nithean sin. Mar sin a gheibh thu eòlas ort fhèin. Mar sin, cuideachd, a thuigeas tu gu bheil ceistean ann nach gabh am freagairt. Dha feum do reusan ùmhlachd a dhèanamh. Nach e sin a thuirt thu rium a chianaibh beag?"

" 'S e. An e? 'S e."

"Chan eil Uilleam againn a' creidsinn ann an càil, a bheil?"

"Tha e creidsinn gu bheil do nèamh agus d'ifrinn an seo air thalamh. Sin mar a bhios e ga chur. Nach eil thu nad anam beò an dèidh do bhàis ach ann an cuimhne nan daoine a dh'fhàg thu às do dhèidh."

"Agus Mairead? Cò ann a tha Mairead a' creidsinn?"

"Mairead do phiuthar? Chan eil fhios a'm. Nuair a bha i beag, bha i a' creidsinn gur e Ponto a rinn an saoghal."

"Ponto piullach?"

"Uh-huh."

"Ponto piullach a bh' air an leth sear? A bha fuireachd anns a' bhothag-cheap le na rudan a' fàs tron an tughadh?"

"Cuiseagan. Sin e. Chuala Mairead, na bìodag, mo mhàthair a' cantainn ris, 'Nach tu rinn an saoghal dhut fhèin!' – 's bhon uair sin, bha i creidsinn gur e Ponto a rinn an saoghal. Cha chuireadh duine beò às a ceann e."

"Nach robh cù aige, dè seo an t-ainm a bh'air?"

"Garry. Bhiodh e ruith nan càraichean. Bhiodh Mairead na suidhe son uaireachan a thìde air ìnean anns a' bhothag, a' coimhead suas dhan an aghaidh aige. Bhiodh e a' bramail dhi. Thug e dhi smoc às a' phìob. Tombaca dubh. Reelig i dhachaigh, 's b'fheudar dha mo mhàthair a cur dhan an leabaidh. Chan eil fhios agams' nach eil i fhathast a' creidsinn gur e rinn an saoghal. Mur do chuir am miseanaridh às a ceann e."

"Con tha Uilleam cho neimheil an aghaidh na h-eaglais againne? Iaradh air ach ga ar càineadh."

"Tha e 'g ràdh gu bheil sibh a' dalladh nan daoine. Na leugh thu idir an dealbh-chluich a sgrìobh e – *Na Soisgeulaich?*"

"Cha do leugh."

"Tha sibh gu math coltach ri chèile, thu fhèin 's Uilleam. Ged a tha na creideamhean agaibh tur eadar-dhealaichte. Tha an aon bhoile air an dithis agaibh son iompaichean."

"Eil thu 'g iarraidh an tuilleadh teatha? . . . Seo."

Lìon e mo chupan a-rithist.

"Bha thu a' gearain nach robh eòlas agad air na bhalach? Innsidh mise dhut mu dheidhinn, ma tha thu 'g iarraidh. Cuimhnich, an dèidh dhuts' a dhol a sgoil Steòrnabhaigh, gun deach mo chur-sa dhan an aon rùm, 's dhan an aon leabaidh ris, 's gu robh sinn còmhladh ann an sin son bliadhnaichean. Bha gu 'n deach mi a dh'Obar-Dheadhain. Cuimhnich, cuideachd, ged a bha e bliadhna 's sia mìosan na b'òige na mi, gu robh làmh-an-uachdair mhòr aige orm."

"Eisd . . ."

"Chan èisd, ach èisd thusa. Thòisich Uilleam mo bhràthair ag obair ormsa mus robh e ochd bliadhna dh'aois, nuair a bha e treabhadh tron a' Bhìoball, a' toirt a bheachdan dhomh air na bha e leughadh. Bha mise na mo dheisceabal aige 's mi fhathast anns a' bhun-sgoil. Siuthad a-nis. Na mo dheisceabal 's nam ana-chreidmheach."

Chrath an t-urramach a cheann.

"Tha siud cho fìor 's a tha mi ga innse dhut. Fhuair e 'n uair sin leabhar Geology bhon an donas ud a bh' air an Taobh Thall, a bha 'n Ameireagaidh anns na 30s, a' leughadh Darwin 's Jack London – Aonghas Bàn a' Chuaraidh, nach e 'n t-ainm bh' air? – 's thòisich e a' siubhal chladaichean is mhòinteach a' coimhead ri creagan is cnuic, 's cò dh'fheumadh an còmhnaidh a bhith na chois mus tuiteadh e sìos geodha, mus fhalbhadh iolair leis? An dèidh dha *Turas a' Chrìosdaidh* a leughadh, mar tha fios agad, cha robh 'n còrr leabhraichean Gàidhlig ann, ach a' rumastaireachd ann am preas fon an staidhre, fhuair e lorg air ultach de nobhails Charles Dickens, fàileadh na deathaich dhuibh 's oirean nan duilleagan air a dhol ruadh, 's dè b'fheàrr an uair sin ach gun tòisicheadh an dithis againn a' leughadh Dickens? Sinn fhathast anns a' bhun-sgoil, cuimhnich! Sam Weller, Dick Swiveller – sin na daoine bu chaomh leamsa ann an leabhraichean Dickens. Tomhais cò b'fheàrr leis an lighiche. Wemmick, ann an *Great Expectations!* 'S e *The Aged P.* a bh' aige air m' athair son bliadhnaichean. Eil cuimhn' agad fhèin idir air dad dhen a seo?"

Chrath an t-urramach a cheann a-rithist.

"Dè 'n uair sin? 'N uair sin, mar a bhràithrean roimhe, chaidh e a sgoil Steòrnabhaigh –"

"Tha cuimhn' a'm air a *sin* –"

"Stùirc air aghaidh. Mus robh mìos a-mach, b'fheudar dhan an Aged P. a thighinn air a thòir. Chan fhuiricheadh e innt' dha duine bha geal."

"Tha cuimhn' a'm . . ."

"Bhithinn-sa, mar a bha thu fhèin romham, a' tighinn dhachaigh a h-uile ceala-deug, 's bhiodh e anns am rùm shuas an staidhre a' feitheamh rium. Iain Lom. Sìleas na Ceapaich. Bha e air a' chiad phaidhir ghlainneachan fhaighinn. Robh fios agam gu robh isean ann, gocaman na cuthaige? Trobhad ach am faic thu Orion a-mach air an uinneag. Dè leabhar a tha thu leughadh ann an sin? Walter Scott? Plodder na galla! Con a tha thu leughadh an *leabhair* sin? Cuir bhuat e, 's leugh am fear sa. Shuas an staidhre an taigh m'-athar – sin far an d'fhuair mise an t-oideachadh, 's cha b'ann bho na h-ùmaidhean aig an robh an t-ainm 's na litrichean an sgoil Steòrnabhaigh. Sin far an cuala mise, son a' chiad uair, mòran dha na lean rium. Ach dè fèum no phrothaid a th' ann a bhith bruidhinn air mar a thachair dhomh a-nis, no bhith spàgail tro m' inntinn a' feuchainn ri ciall is òrdugh a chur air dha duin' eile?"

"Cha robh fhios a'm gu robh e mar sin."

"Cò?"

"Uilleam."

"Mar dè?"

"Na beachdan a th' aige. Gu robh iad aige cho tràth na bheath'."

"Bha iad agamsa cuideachd."

"Bhiodh e tighinn a chèilidh oirnn a Phеairt nuair a bha e ann an Skerry's –"

"Bhiodh e tighinn a chèilidh oirnne cuideachd, a Ghlaschu. Mar tha fios agad. Bhitheadh, tric. 'S ga dhèanamh fhèin gu mòr aig an taigh. A dhuine bhochd! Dè nach tug e dhomh, dè nach do rinn e dhomh? 'N e beachdan a bha dhìth orm? Seo mo bheachdan-sa dhut! Comhairl'? Bheir mis comhairl' ort! Airgead son a mhùn ri balla taigh-seinns'? Siud agad e! Fhalbh leis 's na till gu madainn! . . . Agus mura robh mi cho math dha mo bhean 's a bu chòir dhomh, uill, cha robh difir ann an sin a bharrachd. Bhiodh esan math dhi nam àit'! Duine math a th' ann. Tha fios aige gur e duine math a th' ann. Agus an innis mi dhut – mus cuir thu stad orm – an rud bu mhiosa dhen a' chuis sin gu lèir? Cha robh dragh agam! Nuair a fhuair mi mach mar a bha, 's mar a bh' air tachairt. O, rinn mi fuaim gu leòr. Eigheachd is trod. Nach eil fhios agad gun rinn, 's iad a' sùileachadh sin bhuam? Nach e sin am pàirt a chaidh thoirt dhomh son a chluich? . . . Ach na mo chridhe, bha mi coma. Bha mo chridhe mar an deigh. A' smaoineachadh air an dithis, cho saillt ri na madaidh, cho mear ri muncaidhs, steigt', a' snòtaireachd, an dà aodann, air sèid le caraireachd, ann an sùilean a chèile, aon gu h-ìosal, aon gu h-àrd, 's ann a bha mi 'g iarraidh na lachain a leigeil a-mach. Agus chunnaic iad sin, agus chuir sin esan às a rian buileach. Cha do chòrd e ris idir. Nuair a thuig e nach dèanadh mo bhrath a-mhàin a' chùis – gu feumadh e uallach na bha còir agams' a bhith fulang a ghabhail air a fhèin cuideachd. Gu feumadh e fulang son an dithis againn. Thachair ris, bròinean, eadar a h-uile càil a bh' ann. Dh'fhuiling e tòrr. Thuirt na daoine gu 'n deach e – thusa nam measg – sin ris."

"Tha 'n Fhìrinn ag ràdh an ciont a mhathadh dha daoine."

"Tha 'n Fhìrinn ag ràdh nam breug."

"Mhurchaidh, a Mhurchaidh . . ."

"O, taigh na galla air! Con tha sinn a' bruidhinn air? Chan eil duine anns an t-saoghal cho lugh' orm – 's chan eil duine anns an t-saoghal ron dèanainn uiread de ghàirdeachas, nan nochdadh e 'n dràsd a-steach air an doras sin."

"Thoir mathanas dha a rèisd."

"Sin tha Crìosd ag iarraidh oirnn a dhèanamh. Nì a tha do-dhèante dhomhsa. 'S e duine mìorbhaileach a bh' ann an Iosa Crìosd – a' cur gu aon taobh an dràsd a' cheist an e mac Dhè a bh' ann, 's e fhathast an aon dhuine math a bha riamh air an t-saoghal. 'Cha robh ann ach aon Chrìosdaidh,' thuirt am feallsan Gearmailteach, 'agus chroch iad air craobh e.' Thuirt e cuideachd – an aon dhuine – gun chuir Crìosd a ghalair fhèin air feadh an t-saoghail, gun phuinnseanaich e an saoghal le beusan na tràill. Chan eil sin ceart. Ach cha robh a chuing cho so-iomchair 's a bha e 'g ràdh. Tionndaidh an giall eile mar an ceudna? Gràdhaich do choimhearsnach 's do nàmhaid? . . . 'S beag an t-iongnadh gun cheus iad e. Dè eile bha iad a' dol a dhèanamh ris?"

"Leugh mi an Gearmailteach sin. Nietzsche. Anns an Oilthigh."

" 'Eil thu fhèin comasach air mathanas a thoirt dha daoine?"

"Sgrìobh e barrachd air aon leabhar, nach do sgrìobh?"

"Sgrìobh. Uill?"

"Chan eil fhios a'm, a Mhurchaidh. Tha mi 'n dòchas gu bheil."

"Can gun tilleadh tu dhachaigh am feasgar a bha seo, gun a' mhansa mhòir sin air iomall a' bhaile a thog an eaglais dhut, 's gu faigheadh tu Cairstìona do bhean ann an sin, air an làr, na fuil, air a truailleadh 's air a murt. Do theaghlach cuideachd, na fir àlainn uile, air an cràdh 's air am murt. Can gun tachradh na h-uabhasan sin dhaibh 's tu nad fhianais . . . gu faiceadh tu e a' tachairt dhaibh le do dhà shùil – 's tu ceangailte ann an sèithear, can – gun rian agad càil a dhèanamh mu dheidhinn . . . An gràdhaicheadh tu an duine a rinn orra e?"

"Tha fios agad nach gràdhaicheadh –"

"Can an dèidh sin gu faigheadh na poilis grèim air an duine, 's gun cuireadh iad fios ort. Can gu fàgadh iad thu còmh' ris ann an rùm beag . . . bidh leithid a' tachairt . . . gun duine anns an rùm ach an dithis agaibh. Dè dhèanadh tu? Am beannaicheadh tu e? An toireadh tu dha mathanas? Tha cuimhn' agams' ort, an Obar-Dheadhain, a' cur Tulloch à Sealtainn tro uinneag taigh-òsd', son gun dh'òl e glainne ruma leat. Dè dhèanadh tu?"

"Dh'fheuchainn ri mharbhadh."

"Dh'fheuchadh. Dhèanadh tu 'n gnothaich cuideachd. Bhiodh m'airgead ort."

"Ach bhithinn ceàrr –"

"Cha tigeadh e beò às do làmhan."

"Bhithinn ceàrr. Agus dh'iarrainn mathanas."

"Bidh Dia – anns a bheil thusa agus mise a' creids – a' leigeil dha rudan mar sin tachairt. Gun fhios carson. 'S tha saoghal air a dhol gu math beag. Fosgail pàipear-naidheachd, sàth putan na teilidh, agus latha sam bith dhen an t-seachdain chì thu le do dhà shùil, air feadh an t-saoghail, daoine a' murt 's a' marbhadh a chèile – air sgàth Chrìosd, gu math tric, agus a' toirt taing agus glòir do Dhia son an cothrom a thoirt dhaibh sin a dhèanamh. Murtairean air an rìgh-chathair, spùinneadairean anns na h-àitean àrda, mèirlich ann an taighean an ionmhais . . . 's tha soirbheachadh le luchd-strìopachais 's luchd nam breug mar a bha bho riamh, 's mar a bhitheas gu deireadh na sgeòil. Deòir nan dream a tha fo fhòirneart, agus, air taobh an luchd-fòirneirt, neart. Ann an dà mhìle bliadhna, cha do dh'ionnsaich sinn fiach. Tha mi taingeil nach robh teaghlach agam. Tha mi toilicht' gu bheil mi falbh."

"Na bi 'g ràdh sin . . ."

"Seall orra anns an eilean seo fhèin! Chì thu iad ann an seo, air Latha na Sàbaid, a' dol gu na ceithir cnuic, a dh'adhradh dhan an aona Dhia. A h-uile duin' eile ceàrr ach iad fhèin. Thig thu tarsainn air daoine a chanas riut, 's iad ga làn chreidsinn, gu bheil a h-uile Pàpanach a dol a dh'Ifrinn. Uill, cha robh mise a-riamh an Uibhist a Deas, a Dhòmhnaill, ged a mhiannaich mi tric a dhol ann – 's tha mi creids g'eil eucoraich ac' shìos an sin, mar a th' ac' anns a h-uile àit' eile – ach cha do choinnich mise a-riamh ri Uibhisteach, tuath no deas, nach robh na dhuine laghach . . ."

"Cò bha 'g ràdh seo riut mu na Pàpanaich?"

"Anns an eilean s'? 'S ioma duine sin. An duine mu dheireadh a thuirt riums' e, 's e ùraisg às an eaglais agad fhèin. 'A rèir,' ars esan, 'mar tha 'n Fhìrinn air a fosgladh 's air a mìneachadh dhuinne . . .' Ruill sòda-arain mu bhus."

"Dè 'n aois a bha e?"

"Aosd, òg – dè 'n difir dè 'n aois a bha e? Bha Crìosdaidh anns an sgoil anns an robh mi, aois beagan is fichead, na bu choltaich ri leth-cheud, 's a' còmhradh mar duine ceithir fichead. Fear eile . . . Ach coma leam dhiubh. Chan eil mi dol a bhruidhinn orr'. Na leugh thu *The Brothers Karamazov?* Tha dà bhràthair anns an leabhar sin, a' deasbad air Dia 's air creideamh –"

"Leugh."

"Bidh cuimhn' agad air, a rèisd. 'S e leabhar cho cumhachdach 's a chaidh a riamh a sgrìobhadh. Cha robh an dàrna bràthair – Ivan – a' gabhail ris an t-saoghal mar a chruthaich Dia e. Son iomadach adhbhar – nam measg, mar a bha clann bheag – neo-chiontaich – a' fulang ann. Ma bha sonas, sìth agus toileachas-inntinn a' chinne-daonna, thuirt e, an crochadh air aon leanabh beag a chràdh 's a chur gu bàs, 's e prìs ro àrd a bh' ann an sin."

"Tha cuimhn' a'm."

"Ceud bliadhna 's cò mheud – deich? dusan? – bho nochd an leabhar sin, ann an saoghal a th' air a dhol cho beag 's gu faod thu, cha mhòr, a thomhas ann an deàrnaidh do làimh, tha clann bheag, air a' mhionaid seo fhèin, a' bàsachadh an Afraga anns an dìthreabh, a' bàsachadh anns an Ear Mheadhanach air na sràidean; ann an ceann a deas Afraga, tha iad fo gheimhlean a' phrìosain, aig Crìosdaidhean mòra geala; ann an ceàrnaidhean dhe na h-Innseachan, air an creic nan tràillean; ann am puirt an Ear Fhada, fo chuing ann an taighean-siùrsachd. Tha cunntas aig Dostoevsky air nighean bheag còig bliadhna a dh'fhuiling a h-uile seòrsa ciùrraidh is cràidh aig làmhan pàrantan a bha nan daoine uasail, urramach ann an sùilean an t-saoghail. Son nach do dh'iarr i 'n àirde tron oidhche a dhèanamh a gnothaich, ghlas iad i fad oidhche geamhraidh reòthte a-muigh an taigh-beag, shuath 's liacraich iad a cac fhèin air a h-aodann, 's thug am màthair oirre ith. Ach cha leig thu leas a dhol air ais còrr is ceud bliadhna, a Ruisia, son sgeulachd mar sin a chluinntinn. Tha cunntasan againn, nas fhaisg oirnn fhìn, air dè tha clann bheag fhathast a' fulang. Son nan sia mìosan mu dheireadh a bha sinn an Glaschu, bha 'n creutair aig a bheil mise pòsd –"

"Marjorie –"

"– bha i 'g obair an ceann an ear a' bhaile sin, le clann a bh' ann an cunnart bho pàrantan no inbhich. Bhiodh i a' toirt aithisgean dhachaigh leatha: bhithinn gan leughadh. A' bhliadhna gus a-nochd, anns a' bhaile sin, bha nighean bheag, le falt air a spìonadh aist', a gàirdean air a bhriseadh, a craiceann air a losgadh le fags, rudan biorach air an sàthadh suas eadar a casan, na laighe ann an seòmar grod, na salchar fhèin, glaist', anns an dorch, a' gal le pian 's leis an acras, 's gun fhios aice dè bha tachairt dhi, no carson. Ceithir bliadhna dh'aois a bha i, agus dè 'n t-eòlas a bh' aicese air math no olc? Aig leth-uair an dèidh aon uair deug, an dèidh dhan an taigh-òsd' dùnadh, bhiodh a màthair, 's an duine a bha fuireachd comhla ri màthair, a' tilleadh dhachaigh. Na laighe anns an dorch, chluinneadh i fuaimean is bragail, chluinneadh i guthan neimheil a' trod 's a' mionnan, a' dol na b'àirde 's na b'àirde; chluinneadh i casan a' tighinn gu doras an ruma. Siuthad, smaoinich oirre – siuthad, dèan dealbh dhith nad inntinn – a' crùbadh sìos anns an leid oillteil, na mùn 's na gràbhaileachd fhèin, a' coimhead son àite-falaich. An cridhe beag aice a' plosgartaich leis an eagal. Ach cha robh àite-falaich ann dhi. Bha 'n doras a' fosgladh . . . An innis mi dhut deireadh na sgeulachd-ghoirid sa? Mharbh iad i. Sin deireadh na sgeulachd. Chan eil cuimhn' agam dè 'n cuideam a thuirt iad a bh' innt', na daoine a fhuair lorg oirr'. Agus a-nis innis thusa dhomhsa, a Dhòmhnaill – thusa, a tha na do mhinistear anns an Eaglais Shaor, bho nach do dh'fhalaich Dia a ghnùis mar a dh'fhalaich e i bho Murchadh do bhràthair – ciamar a dh'fheumas na nithean sin a bhith? Oir ma dh'fheumas aon leanabh beag neo-chiontach bàsachadh anns an dìthreabh, no air na sràidean, am fianais an t-saoghail, ma dh'fheumas aon leanabh laighe ann am prìosan, an taigh, an rùm, air a thruailleadh 's air a chràdh, ma dh'fheumas fuil aon leanabh a bhith air a dòrtadh mus fhaic sinn an Ierusalem Nuadh, mus laigh an leòmhann sìos leis an uan, agus mus tuit am murtair 's an neach a mhurt e air muinealan a chèile – mas e sin an èirig a dh'fheumas sinn a phàigheadh airson tuigse agus fuasgladh fhaighinn, tha mi duilich, a Dhòmhnaill, ach tha i ro dhaor, 's chan eil i airidh air a pàigheadh. 'S airson an Dia a rinn mar sin an saoghal, tha mi creidsinn ann – ach chan eil eòlas agam air, no gràdh. 'S chan eil mo dhòchas ann. Siuthad, gabh an cupan ud bhuam."

"Dè tha ceàrr ort?"

"Tha mi a' còmhradh cus. An rùm a' cur nan caran leam."

"Laigh sìos a-rithist. Tha droch dhath ort. Thèid mi air tòir Cairstìona . . ."

"Bidh mi ceart gu leòr ann an diog . . . Shuidh mi 'n àirde ro luath. Dè 'n uair a tha e?"

"Ochd. Beagan an dèidh."

"Feumaidh mi èirigh co-dhiù. Thoir sùil a-mach air an uinneag, eil car dubh aig a' gheat?"

"Chan eil. Cò thug a-nall thu?"

"Balach à Steòrnabhagh. Cha tig e steach an taigh, tha fios a'm air a sin."

"Cò?"

"Billy. An draibhear."

"Carson?"

"B'fheàrr leis fuireachd a-muigh anns a' chàr gu meadhan-oidhch', a' feitheamh rium, na thighinn a-steach. Chan fhaca tu duine riamh cho sona."

"Dè mar a tha thu faireachdainn a nis?"

"An luairean? Tha e air falbh."

Rug e air mo làmh cheàrr eadar a làmhan fhèin, 's chum e grèim oirr', mar a rinn Cairstìona a bhean aig a' gheat. Bhiodh daoine ag ràdh gu robh sinn coltach ri chèile. Nuair a bha sinn òg. "Sguir dheth," thuirt mi ris. Bha mi faicinn gu robh plathaig a' tighinn.

"Dè rud?"

"Sguir a choimhead rium mar sin. Mar seann chù."

"Dè 's urrainn dhomh a ràdh riut," ars esan, agus shaoileadh tu air a' ghuth aige gu robh e dol a thòiseachadh a' gal. Bha mi guidhe, fo m' anail, nach dèanadh e sin co-dhiù, nuair a chuimhnich mi gu robh an aon threige (bruidhinn ann an guth crèicealach, àrd) aig a h-uile ministear anns an Eaglais Shaor nuair a bhiodh iad ag iarraidh aire a' choithionail a ghlacadh; agus 's iongantach man do chuimhnich esan air an aon rud – 's ann an guth nàdurrach a chum e air. "Nach math gun bhruidhinn thu. Gun bhruidhinn sinn."

"Ann ach facail, a Dhòmhnaill. Cha robh càil air an cùlaibh."

"Cha chreid mi sin."

"B'fheàrr dhomh falbh," thuirt mi. Dh'fheuch mi ri èirigh.

"Agus a Mhurchaidh," ars esan, a' cumail an aon ghrèim air mo làmh – "mus seas thu, mus fhalbh thu, canaidh mise seo. Tha Dia ann. Tha fios agams' air a sin. Mur eil fhios agam air càil eile, tha fios agam air a sin, agus 's urrainn dhomh aithris le cinnt. Agus tha Slànaighear ann, Iosa Crìosd, aona mhac Dhè, a bh' air an talamh seo, neo-chiontach, iomlan, 's a phàigh an èirig sin air an robh thu bruidhinn le fhuil phrìseil, neo-thruaillidh fhèin."

"Uill . . ."

"Cha do bhàsaich an leanabh sin na h-aonar, bha Crìosd maille rithe. Na dh'fhuiling ise, dh'fhuiling esan. Tha e na sheasamh an seo a-nochd a-rithist aig doras do chridhe-sa: con nach eil thu ga leigeil a-steach? Mo bhràthair fhìn: chan eil thu fhathast ro fhada. Sguir a choimhead a-mach air an uinneag, agus èisd rium. Fosgail doras agus sùil do chridhe, a tha mothachail air gliocas; agus chì thu e 'n uair sin, tro ghlainne, na mhaise 's na ghlòir. Con a tha thu fhathast air do thoirt gu taobh le nithean gun seadh, 's a' coimhead ri daoine an àite bhith coimhead ri Crìosd? Cuir na ceistean sin a tha ga do bhuaireadh fad' air falbh bhuat, agus creid ann. Eisd ri ghuth. Thuirt thu gu robh thu creids ann an Dia, ach nach robh eòlas agad air. Creid ann an Crìosd, agus bidh an t-eòlas sin agad. Tro Chrìosd a gheibh thu eòlas air an Athair. Chan eil dòigh eile ann. Seall mun cuairt ort – gach taobh a sheallas tu, gach taobh a thèid thu, ann an sin tha thu dol a lorg a' chruinn-cheusaidh. Con a tha thu crathadh do chinn? Ah, Mhurchaidh! – Ah, leanaibh! – fàg thu fhèin, thig a-mach asad fhèin. 'Eil cuimhn' agad air an ùrnaigh a bhiodh tu 'g ràdh na do bhalach beag, air mo chùlaibh anns an leabaidh? *Tròcair peacach beag, air sgàth Chrìosd, Amen?* Can a-rithist an dràsd i, na do chridhe, agus thèid a freagairt. Ann an Crìosd, agus ann an Crìosd a-mhàin, a gheibh thu fois agus sìth dha d'anam. Agus tuitidh an t-eallach dhiot, agus thèid gach cùram is eagal air chùl."

Sheas mi. Leig e às mo làmh. Ach cha do leag e shùil dhiom.

"Uill," thuirt mi. Agus a-rithist, "Uill . . ."

Ach cha robh càil agam ri ràdh. Bha mo cheann falamh.

Leig mi na soraidhean leis an teaghlach anns a' chidsin.

"Cha chaomh leam daoine bhith gam fhaicinn air falbh," thuirt mi riutha. "Faodaidh Calum Iain mo chur chun a' gheat."

"Ta," arsa Cairstìona rium, "chì sinn thu mus tèid sinn air ais gu Tìr-Mòr?"

"O chì."

Aig a gheat, suas am piolair, bha cnap uilinn a' fàs.

" 'S e mo mhàthair a chuir an cnap uilinn sin," thuirt mi ri Calum Iain. "Geug leis na thill i uair bhon a' mhuilinn. Tha cuimhn' a'm air na làmhan aice ga chur an sàs. Cha robh duin' againn a' creids gu fàsadh e dhi. Ach dh'fhàs. Uill . . ."

Rug sinn air làimh air a chèile. Am mac nach robh a-riamh agam.

"Tha fios aig Uilleam bràthair d'athar air mòran rudan," thuirt mi ris. "Ach tha fios aig d'athair air aon rud mòr."

"Agus Murchadh bràthair m' athar?" dh'fhaighnich e, le gàire air aodann.

Chrom mi mo cheann sìos, 's chuir mi mo shròin dhan an uileann, far nach fhaiceadh e m' aghaidh.

"Bha mise an seo cuideachd," thuirt mi.

Dh'fhosgail Billy doras a' chàr bhon taobh staigh. A' dol a-steach ann, choinnich fàileadh làidir an leanna mi. Bha rèidio a' cluich cèol-dannsa.

Thog Calum Iain a làmh rium. Mar sin leat.

Dh'fhalbh sinn.

"Uill," dh'fhaighnich mi dha Billy, " 'S na chòrd do latha riut, shìos an sgìre?"

Thuirt e gun chòrd, 's gun choinnich e ris an t-uabhas dhaoine. Bha a dhà làmh air a' chuibhle. Nuair a fhuair e chun an rathaid ùir, chuir e sìos a chas. Bha sinn a' dol luath. " 'N aire mus marbh thu caora," thuirt mi ris.

"Thèid an càr nas luaithe na seo," thuirt Billy rium. "Chan eil mi dol luath sam bith fhathast."

Aig na càrnanan geala, eadar Siadar is Barabhas, bha dà fhireannach le còtaichean air a' verge, a' smèideadh.

"Feumaidh sibh a dhol dhan an t-seata dheiridh," dh'èigh Billy riutha, a-mach air an uinneag.

Mus do dh'fhosgail e na dorsan dhaibh, thionndaidh e an càr. Shuidh na fir a-steach. Bha fàileadh bho chòt' an dàrna fear mar seann uisg.

"Ceart," arsa Billy.

'S thòisich sinn air ais, an rathad a thàinig sinn. Cha robh Billy a' draibhigeadh cho luath a-nis, ged as e an aon rathad a bh' ann, agus an dèidh dhomh innse dha gur e an dithis a bh' anns an deireadh a thàinig dhan an rùm agam, gun dùil riutha, o chionn ghoirid, 's a dh'fhàg làraich lem brògan air làr an ruma, sguir mi a bhruidhinn ris, dh'aithnich mi air gum b'fheàrr leis a bhith 'g èisdeachd ris a' cheòl-dannsa. 'S e feasgar brèagha a bh' ann, a' dol sìos tro Baile 'n Truiseil 's Siadar. Chleachd feans le rylock a bhith anns an loch ri taobh taigh-sgoile Shiadair. A' coimhead a-mach aig bàrr na h-uinneig, le car na mo cheann, chunna mi trì-cheàrnaich an t-samhraidh nan àit' anns an adhar, far am bu chòir, ach an uair sin thòisich rionnagan a' gheamhraidh a' tighinn orm, gun fhios ciamar, a' tuiteam nan cabhaig an dèidh a chèile sìos an àirde 'n iar, an Reith, an Tarbh, an Grioglachan, am Meadhan na dheann, a' toirt searragan coimheach, agus Gaolag is Gràdhag na Caiginn. Ach chaidh iad fodha dhan a' mhuir siar, a-mach às an t-sealladh; agus sìos Borgh is Mealbost, thòisich an latha a' tighinn, le glasadh anns an àirde 'n ear, 's chunna mi cnap dubh Tobha Ghabhsainn a' tighinn air fàth, agus Sgeir Dhail, leis an t-suaile a' briseadh geal rithe, a-muigh anns a' chuan. Air mo làmh cheart, bha a' mhòinteach. A-muigh an sin, tha Gleann Ghabhsainn 's Gleanna Shìg a' tighinn gu chèile aig Gob an Eich, far am biodh Ailean an Noullaidh a' cur nam balach dà thaobh as dèidh nan caorach; 's tha ghrian ag èirigh air càrnan Sheòruilltean, air feadan na Bà Teanna 's air feadan Bota Gile, tha i bualadh air Beinn Airigh a' Bhràghad 's air Beinn Iagro, tha i gluasad a-null eadar Sgrìtheabhail agus Beinn Sheòruilltean, 's a' leantainn feadan na Caillich (feadan Hurtail a' tighinn bho muigh) sìos gu Loch Bhrèitheabhat 's Loch na Saorach, far an robh taighean-earraich Dhail bho Thuath, 's taigh-earraich a' Ghoill nam measg, leis a' phrais thrì-chasach am beul an dorais, air a ceann. Bha 'n càr a' dol na bu luaithe a-rithist; 's a' dìreadh gu Loch Bharabhat, bha latha geal air gach taobh, 's coltas fìor latha math; grianach, le adhar gorm, 's sgòthan beaga geal a' seòladh ann; latha son a dhol a thogail na mònach, ged nach b'urrainn dhaibh, son a dhol a-mach air an eathar, ged nach fhaodadh iad a dhol ann, an latha bha Murchadh, mac Dhòmhnaill, mac Mhurchaidh, mac Mhurchaidh Oig, a' tilleadh dhachaigh.